心理学基礎演習 Vol.1

心理学実験法・レポートの書き方

西口利文
松浦 均
【編】

ナカニシヤ出版

まえがき

　本書を手にされている読者は，少なくとも心理学という学問に対する興味や関心をもっている方ではないかと思われる。すでに，概論書や専門書，あるいは大学などでの講義を通じて，心理学に関する理論や話題にふれ，心理学をもっと学びたいと感じたり，心理学を学ぶことに充実感を覚えたりしている方もいることだろう。

　ところで，心理学を学ぼうという意欲をもった読者のみなさんが，これから長年にわたって，心理学に関する書物や論文をたくさん読みこなし，心理学に関する講義や講演などに数多く参加され続けたとしよう。果たして，読者のみなさんは，長年のそうした積み重ねを通じて，学問として心理学を追究したものとみなされるだろうか。残念ながら，それだけでは心理学を追究したとはいえないのである。

　では，仮に学問として心理学を追究していくためには，いかなることが読者には求められるのであろうか。それは，読者のみなさんが，自分自身で心理学に関する研究活動を行うことである。たしかに，心理学の書物や論文を読みこなすといったことも研究活動の一環と位置づけることはできる。しかしながら，心理学の研究活動を行うにあたっては，それだけでは十分ではない。さまざまな研究方法ならびにそれに付随した技術をまずは身につけ，それを目的に応じて巧みに活用しながら研究を展開し，その成果をレポートとしてまとめていくことが必要なのである。

　本書は，心理学の代表的な研究方法である実験法について，実習から学ぶことを支援するために作られたテキストである。本書を通じて，心理学の実験を行うに際して最低限理解しておくべき知識をはじめ，実験の基本的な手続きや心得，さらには実験を通じた研究レポートをまとめる際の留意点について学べるように，内容を構成している。なお，本書の読者として想定しているのは，大学の卒業研究などで心理学の実験に積極的に取り組む可能性があるものの，現段階では心理学の実験についての知識や経験をほとんどもたないという諸氏である。

　ところで，心理学の実験法について学んでいくにあたっては，そのプロセスを体験的に身につけることの効果は大きい。すなわち，実際に行う，実習するということが重要となってくる。また，心理学の実験を行うためには，実験に参加してくれる協力者たちの存在が不可欠である。したがって，本書は複数人（8名程度）を1グループとして，心理学の実験法を体験的に学んでいただくことを前提とした実習用テキストとしての体裁をとっている。もっとも，本書を独学にてひととおり読んでいただくことによっても，心理学の実験法に関する基本的な知識や留意点について，概略をつかむこともできるかもしれない。しかしながら，実習を行うことの教育的効果を考えると，可能な限り仲間を募って，実際にテキストの中に示されている実習を，自ら行ってもらうことを強く推奨したい。

　また，本書の中で紹介されている実験器具についてであるが，もしも読者の身近なところに，それぞれの器具に相当するものがあれば幸運である。ただし，仮に身近に紹介した実験器具がなかったり，あるいは入手が困難である場合でも，独自に代替物を用意したり，あるいは作成してみたりして，本書に収められた実験に即したことを実施することは必ずしも不可能ではない。読者自身が主体となって実験を行うという意識をもって，実験器具について創意工夫をされてみるのもよいだろう。

　心理学に関する書物や講義を通じて紹介されている数々の興味深い知見は，そのほとんどが，

これまでの研究活動を通じて明らかにされてきたことがらである。そして留意すべきは，今後の研究の成果によっては，これまで明らかにされてこなかった心理学の興味深い知見が新たに加えられることもあったり，あるいはこれまで支持されてきた知見が反証されることもあったりすることである。本書の読者より，心理学の実験法による研究活動を通じて，いずれ心理学に関する新たな知見や，さらにはこれまでの心理学の常識を覆すような新たな知見が提出されることを期待することにしたい。

　なお，本書の出版に際して，ナカニシヤ出版の宍倉由高氏ならびに山本あかねさんには，多大なる御支援をいただきました。心より，御礼申し上げます。

2007年9月

編者

目　次

まえがき　*i*

1　はじめに ……………………………………………………………………… 1
　　心理学の研究方法としての実験法　1
　　本書の概要　2

2　実験に関する基礎知識 ……………………………………………………… 3
　　実験とは　3
　　心理学における実験　4
　　独立変数と従属変数　5
　　2要因（以上）の実験　6
　　交互作用　7
　　各条件への被験者の配置　8
　　準実験　9
　　実験とは（冒頭の問いに対する解説）　9

3　実験計画における留意点 …………………………………………………… 11
　　はじめに：本章の実験の趣旨　11
　　実験を体験する　11

4　実験をしてみよう1（ミューラー・リヤー錯視） ………………………… 17
　　はじめに　17
　　目　的　17
　　方　法　18
　　結果の整理　20
　　考察のポイント　21
　　実験手続きに関する重要なキーワード　21
　　ミューラー・リヤー錯視に関する参考資料　24

5　実験をしてみよう2（触二点閾） …………………………………………… 29
　　はじめに　29
　　目　的　29
　　方　法　30
　　結果の整理　33
　　考　察　34
　　考察のヒント　34
　　参考資料：精神物理学的測定法（極限法）について　35

6 実験レポートの書き方 …… 39
レポートを書く目的　39
レポートの流れ　39
時制について　40
文体・表現について　41
数字に関して　41
図表による結果の表現　42
考察を書くときの注意点　42
文献について　43
その他の注意点　45

7 実験1：自由再生の実施 …… 47
はじめに　47
目　的　47
方　法　48
結果の整理　50

8 実験1レポートの手引き …… 57
自由再生の解説　57
レポートの様式　59

9 実験2：両側性転移の実施 …… 65
はじめに　65
目　的　65
方　法　66
結果の整理　69

10 実験2レポートの手引き …… 75
はじめに　75
レポートの様式　75
両側性転移実験に関する参考資料（考察のヒント）　77

11 実験3：パーソナルスペースの実施 …… 81
はじめに　81
目　的　81
方　法　81
結果の整理　85
レポートでの考察に向けて考えておくべきこと　86

12 実験3レポートの手引き …… 93
パーソナルスペースの解説　93
向性検査の解説　97
複数の「原因」と「結果」の関係について考える際の注意点　98
レポートの様式　100
レポートにおける考察の書き方について　104

13 データの基礎統計量 ……………………………………………………… 107
　心理学のデータについて　107
　データの分布について　109

14 研究論文にみる実験（認知発達心理学実験）………………………… 113
　はじめに　113
　実験の概要　115
　手　続　き　117
　分析の解説・留意点　117
　実験初学者へのアドバイス　118

索　引　121

コラム
1　知覚心理学実験事例の紹介1（マガーク効果）　28
2　知覚心理学実験事例の紹介2（知覚と注意—特徴統合理論—）　38
3　学習心理学実験事例の紹介（「書いて覚える」方法の効果）　55
4　認知心理学実験事例の紹介（記銘時・想起時の環境が再生成績に及ぼす影響）　64
5　社会心理学実験事例の紹介（他者への要請技法：不安—安堵法）　92
6　発達心理学実験事例の紹介（乳児の加算・減算法則の理解）　106

本書で用いたプログラムソフトMicrosoft PowerPointは米国Microsoft Corporationの米国およびその他の国における登録商標です。なお，本文中では，基本的にTMマークおよびRマークは省略しました。

1 はじめに

心理学の研究方法としての実験法

　心理学の研究においては，研究目的や研究対象に応じて，実験法，調査法，観察法，面接法など，さまざまな方法が用いられる。ただ，さまざまな研究方法の中でも，特に実験法という方法は，心理学に関する諸現象について追究するうえで，最も重要な方法であると考えられることが多い。

　それでは，なぜ実験法が最も重要な研究方法であるとみなされるのだろうか。その理由は，実験法が，他の方法に比べると，現象の因果関係について理解することにおいて最も有効な方法だからである。因果関係とは，ある現象が原因となって，別な現象が結果として生じるという関係である。図1.1のように，2つの事象をそれぞれ「現象A」，「現象a」としよう。そして，「現象A」が生じたことがきっかけとなって，必ず「現象a」が生じるならば，両者には因果関係があるということができるのである。

　科学においては，種々の事象間の因果関係を明らかにすることは，重要な営みであると位置づけられている。心理学においても同様に，人間の心や行動に関する出来事の因果関係について明らかにすることは重要な課題であると見なされている。

　特筆すべきことであるが，あらゆる科学が，実験法という手法を活用することが可能であるかというと，実はそうではない。心理学が現在に至るまで，学問上の重要な位置づけを保ちながら発展を遂げることができたのは，実験法を研究手法に取り入れることができたからであるといっても過言ではないのである。

　もっとも，心理学においても，あらゆる研究課題で，実験法を研究方法として選択することができるとは限らない。このことについては，心理学の研究を進めていくうちに，おのずと理解できることであるが，あらかじめことわっておきたい。しかしながら，今後，もし読者の心理学的なテーマから生じた問題意識について研究を通じて明らかにしようとしたとき，まずは実験法を通じた研究計画を立てることができるかどうかを考えてみることは，研究活動に向き合う非常に重要な姿勢であるので，留意しておいてもらいたい。

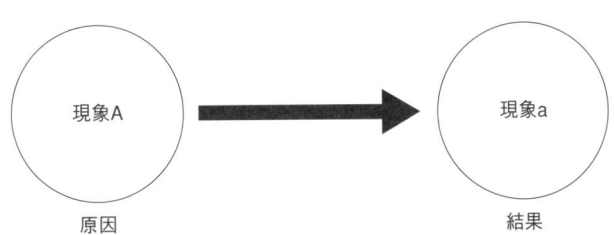

図1.1　因果関係についての基本的なモデル

本書の概要

　本書は，心理学の実験法を学ぶための，初学者向けのテキストである。心理学の実験を行うにあたって，最低限理解しておくべき知識，実験の基本的な進め方や姿勢，さらには実験結果をもとに，研究レポートをまとめるにあたっての留意点について習得してもらうことを目指して作られている。本書が，読者に実習しながら読み進めてもらうことを想定して作成したということは，まえがきにも示したとおりであるが，ここでは本書の構成についてもあらかじめイメージしてもらうために，各章の概要をまとめておくことにしたい。

　まず第2章，第3章では，心理学の実験を行ううえで，これだけは最低でも理解しておく必要があるという用語などの知識や，さらには実験を計画するうえでの留意点についての説明を行う。そのうえで，第4章，第5章では，「ミューラー・リヤー錯視」「触二点閾」という，人間の知覚に関する実験の説明を行う。また第6章では，実験レポートの作成についての説明を行う。この章までの内容は，データ分析に関することがらを除けば，実験法を用いた研究についてのミニマムエッセンスが収められた章であると位置づけられる。

　さらに，第7章から第12章では，「自由再生」「両側性転移」「パーソナルスペース」と題した，それぞれ人間の記憶，運動学習，対人間の距離に伴う心的作用に関する実験の説明を行い，実験結果に基づいてレポートを書くための解説を行っている。第13章では，数値データを扱ううえで重要となる，平均値や標準偏差などの基礎統計量についての概説を行う。第14章では，認知発達心理学の分野から行われた実験についての解説を行い，読者に対して，実験法を用いた研究についての発展的な理解をうながすことをねらいとしている。

　一部の章末には，実験法の研究手法を用いて，心理学のさまざまな領域からこれまで明らかにされてきた研究成果について，コラムを設けて紹介している。心理学の実験を通じて，いかなる知見がこれまで提出されてきたかについて知ってもらうのに役立つと思われる。

　なお，心理学の実験においては，必ずしも人間を研究対象として進められるものばかりではなく，ネズミやサル，昆虫などの動物を研究対象とすることもある。こうしたこともあり，心理学においては，研究対象となる人間および種々の動物を，「生活体」と総称することも知っておくとよいだろう。ただ，本書においては人間を対象とした心理学の実験法に焦点を当ててまとめていることを，あらかじめことわっておきたい。また本書においては，心理学の実験法に関する初学者が，基本的な考え方ならびに実験手続き，さらにはレポート作成上の留意点を習得することに力点を置いた内容となっている。それゆえ，実験の結果で得られたデータの扱い方については，平均値や標準偏差などの基礎統計量の算出までにとどめている。平均値の比較などに不可欠な，t検定や分散分析などの統計的仮説検定の解説については，すでに市販されている心理学の実験法や統計に関する良書に譲ることにしたい。

2 実験に関する基礎知識

実験とは

　本書を読まれている方は，おそらく学校や地域の学習教室，あるいは自由研究というかたちで，少なくとも一度は実験といったものを行ったことがあるのではないかと思われる。しかし，あらためて「実験とは何か？」とたずねられたとき，読者のみなさんはうまく答えることができるだろうか。まずは，このことにふれる前に，以下のことがらについて，どれを実験とよぶことができ，どれを実験とはよべないかについて，考えてもらうことにしよう。

①光がよく当たるところとまったく当たらないところに，それぞれ朝顔の種をまいて，発芽のあり方の違いについて調べてみた。
②近くの川の水を採取して，いかなる微生物が存在するかについて，顕微鏡を使って調べてみた。
③5月において，晴れの日と雨の日とでは，大学に来ている学生の上着について，長袖と半袖の比率が異なるかについて調べてみた。
④振り子の揺れる速さが，いかなる要因によって影響しているかを探るために，振り子のおもりとひもの長さをいろいろと変えて調べてみた。

　さて，いかがだろうか。この問いについては，後でじっくりと考えていただくために解説は後まわしにして，まずは実験とはどういったものを指すのかについて，説明をすることにしたい。

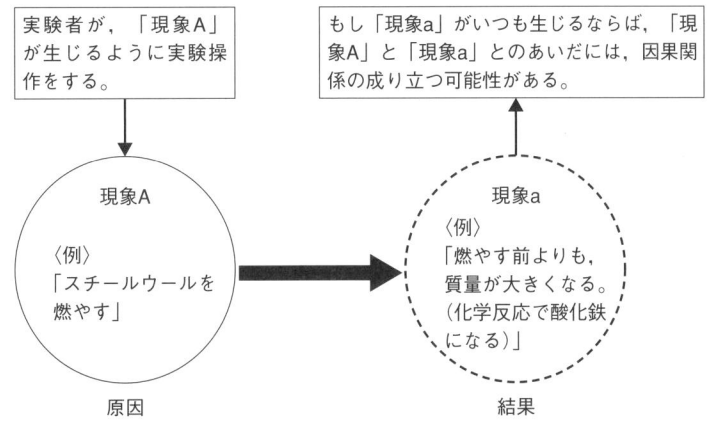

図2.1　実験についての基本的な考え方

実験とは，すなわち「実際に験（ため）す」ということである。ただし，単に何かを試しに行うというだけでは，あいにくながら実験とはいいがたい。実験とそうでない活動との違いを判断するためには，次の点について，理解しておいてもらう必要がある。

実験においては，「『現象A』が原因となって，別な『現象a』が結果として生じる」という因果関係の法則が成り立つかについて調べることを基本としている。そしてこのことを調べるために，実験者（実験を計画して遂行する者）は，原因となる「現象A」を意図的に生じさせて，結果として「現象a」が生じるかどうか，すなわち因果関係が成り立つか否かを確認するのである。なお，ここでいう「現象A」とは，たとえば，「スチールウールを燃やす」や「5gの石灰石に10mlの塩酸を注ぐ」といった，実験者の判断によってなされる具体的な作業を指している。そしてこうした作業は，実験操作とよばれる。そして，この実験操作を通じて，必ず「現象a」，たとえば「質量が大きくなる（酸化鉄ができる）」「二酸化炭素が発生する」などといったことが生じれば，「現象A」と「現象a」とのあいだには，因果関係の法則が成り立つことになるのである（図2.1を参照）。

なお実験においては，ほとんどの場合，実験前に「ある『現象A』が原因となって，別な『現象a』が結果として生じるであろう」といった仮説をあらかじめ設定する。そのうえで，仮説の検証が実験を通じて行われていくのである。

心理学における実験

前節での説明（あるいは図2.1）は，心理学の実験にもあてはめることができる。心理学の実験では，人間の心に関する因果関係の法則を明らかにすることを基本としている。前節の説明にある「現象A」は，実験者が提示する「刺激」（ここでいう刺激とは，目，耳，鼻，舌，皮膚といった感覚器を通じて生活体に取り込まれる，光，音，香り，味，温熱などの総称）というかたちで，実験に参加していただいた人物に示されることになる。これによって，実験に参加していただいた人物には，心理的あるいは行動的な「反応」である「現象a」が引き起こされることになる。実験者は，この反応について，何らかのかたちで測定することにより，「刺激」と「反応」の因果関係が成り立つかどうかについて理解していくのである。

図2.2は，心理学実験についての基本的な考え方について，わかりやすくするために示した例である。「人間に向かって大声で『わっ！』と言うと，驚くだろう」という仮説に基づいた実験と見なしてみてもらうとよいだろう。

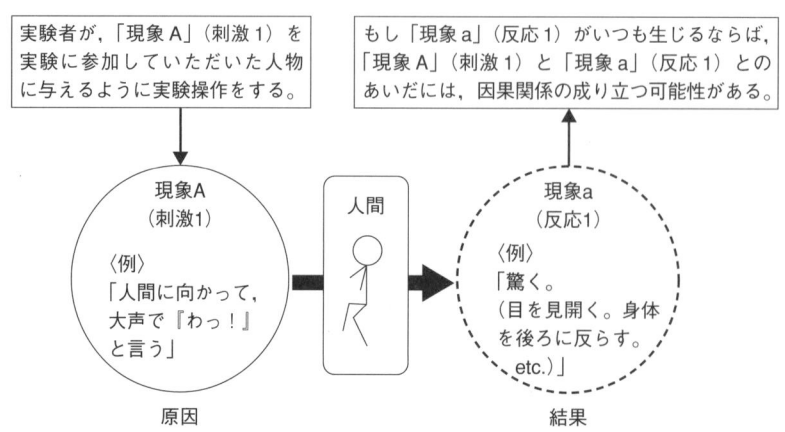

図2.2　心理学実験についての基本的な考え方

独立変数と従属変数

　心理学の実験を含め，実験というものが，ある「現象A」と別な「現象a」とのあいだに見られる因果関係が成立するかどうかについて確かめることが基本的な作業であることについては，これまでの説明のとおりである。ところで，ここで1つ，実験結果から結論を出すことに関する重要な質問をしたい。果たして「現象a」という結果を引き起こす原因となるのは，「現象A」だけなのだろうか？　たとえば，「スチールウールを燃やす（現象A）」という実験操作によって，「質量が大きくなる（酸化鉄ができる）（現象a）」という結果が生じることを確認したとしよう。しかし，仮に「スチールウールを冷却する（現象B）」，「スチールウールをそのまま保存する（現象C）」などの原因からでも，「質量が大きくなる（酸化鉄ができる）（現象a）」ようなことがあれば，少なくとも「現象A」は，「現象a」という結果が生じるための唯一の原因ではないといえることになる。

　ある結果としての「現象a」のような結果が生じる原因が，「現象A」以外にあるのか否かを理解していくことは，実は心理学を含め，科学的な法則についての理解を深めるうえで，きわめて重要な作業なのである。たとえば教育心理学においては，新しい授業がもたらす教育効果を，実験を通じて検討していくといった研究テーマがある。仮に，ある先生が「新しく開発した授業（現象A）」を行ったときに，そのクラスの子どもたちの学力テストの平均値が「80.0点（現象a）」だったとしよう。この結果より，即座にその授業が，学校教育において最善の授業の方法であると結論づけることができるだろうか。残念ながら，この結果だけでは，そのように結論づけることはできない。そもそも，平均値が80.0点というものが良いかどうかについては，テストの難易度によっても異なるため，判断することができないことは容易に想像できるだろう。もし，「新しく開発した授業（現象A）」は教育効果がある，といった結論が正しいことを検証したいのであれば，「これまでの授業（現象B）」や「別な先生が開発した授業（現象C）」など，他の教育方法がもたらす教育効果と比較しなければならないのである。

　実験においては，こうした比較を行い続けることにより，少しずつ，現象の因果関係がよりはっきりとした結論を導くことになるのである。たとえば，上の3つの授業に対する教育効果を学力テストで測定したときに，「別な先生が開発した授業（現象C）」を受けた子どもの学力テストの平均値が，「新しく開発した授業（現象A）」と同様な結果「80.0点（現象c＝現象a）」で，「これまでの授業（現象B）」を受けた子どもの学力テストの平均値が「60.0点（現象b）」だったとしよう。このことから，あなたならばどのような結論を出すだろうか。たしかに，「新しく開発した授業（現象A）」と「別な先生が開発した授業（現象C）」は，それぞれがより良い教育効果をもたらす原因となっていると結論づけることはできそうである。しかし，同時に，「新しく開発した授業（現象A）」は，「80.0点（現象a）」をもたらす唯一の原因とはいい切れなくなってしまうことも明らかになったわけである。むしろ，「新しく開発された2つの授業に共通した何らかの現象」が，「これまでの授業」の教育効果を上回ったと解釈した方が望ましいといえる。ここで，「新しく開発された2つの授業に共通した何らかの現象」を現象Xとすると，現象Xには，単に新しい授業を子どもが受けたときに感じた「めずらしさ」や，新しい授業を円滑に実践することができるのに十分な「教師の指導力」など，本来の「新しく開発した授業」の中身という本質的なこととはまったく異なる原因さえもがあてはまる可能性も出てくるのである。

　上の例からもわかるように，「現象A」と「現象a」とのあいだの因果関係について，より深い科学的な理解をしたいのであれば，「現象a」という結果を生じさせる可能性のある「現象B」「現象C」……が，いかなる結果をもたらすかを検討して，「現象A」がもたらす結果と

比較することが重要なのである。

さて上の議論を踏まえるならば、実験において、因果関係の原因と見なされる現象は、数学的に表現すれば、いわば変数（「現象A」「現象B」「現象C」……）の一種ととらえられることがわかる。必然的に、結果となる現象も、「現象A」に対する結果としての「現象a」、「現象B」に対する結果としての「現象b」……というかたちで、変数と見なすことができるのである。なお一般的に、実験においては、因果関係の原因となる変数は独立変数（independent variable）、結果となる変数は従属変数（dependent variable）とよばれる。そして、各実験においては、独立変数、従属変数が何であるかを明示しておくことが求められる。

先述の授業の教育効果に関する実験について、独立変数、従属変数が何であるかを確認しておきたい（図2.3）。先の実験では、独立変数には、「新しく開発した授業（現象A）」「これまでの授業（現象B）」「別な先生が開発した授業（現象C）」の3つの現象が含まれている。これらの現象を総称する概念は、「授業方法」とよぶことができるだろう。すなわち、独立変数は「授業方法」であると言うことができる。ちなみに、この実験の例に基づいて説明すると、実験に関する用語で、「授業方法」は「要因」とよばれ、3つの授業方法については、「水準」（あるいは「条件」）とよばれる。この用語を用いるならば、この実験は、独立変数が1要因3水準の実験だということになる（後述するが、独立変数を2つ用いる実験では、2要因の実験ということになる）。一方、従属変数であるが、この実験においては、子どもの学力という結果について、テストを通じて測定することにより、3つの授業のそれぞれに対応した、学力テストの得点として導かれている。すなわち、従属変数は「学力テストの得点」である。

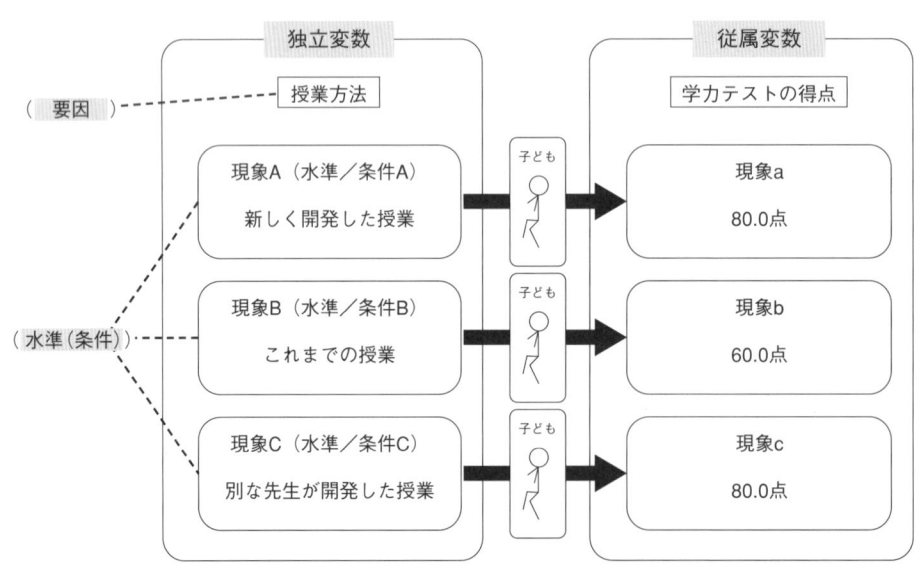

図2.3　実験における独立変数と従属変数ならびに要因・水準（条件）

2要因（以上）の実験

実験によっては、2つ以上の独立変数が用いられることもある。たとえば、授業方法と、子どもの性格が外向性か内向性かということが、子どもの学力にどのように影響を及ぼすかについて明らかにするための研究を計画することになったとしよう。この場合、図2.4のように、授業方法と、子どもの性格（外向性－内向性）の2つを独立変数、学力テストの得点を従属変数とした実験の計画を立てることになる。

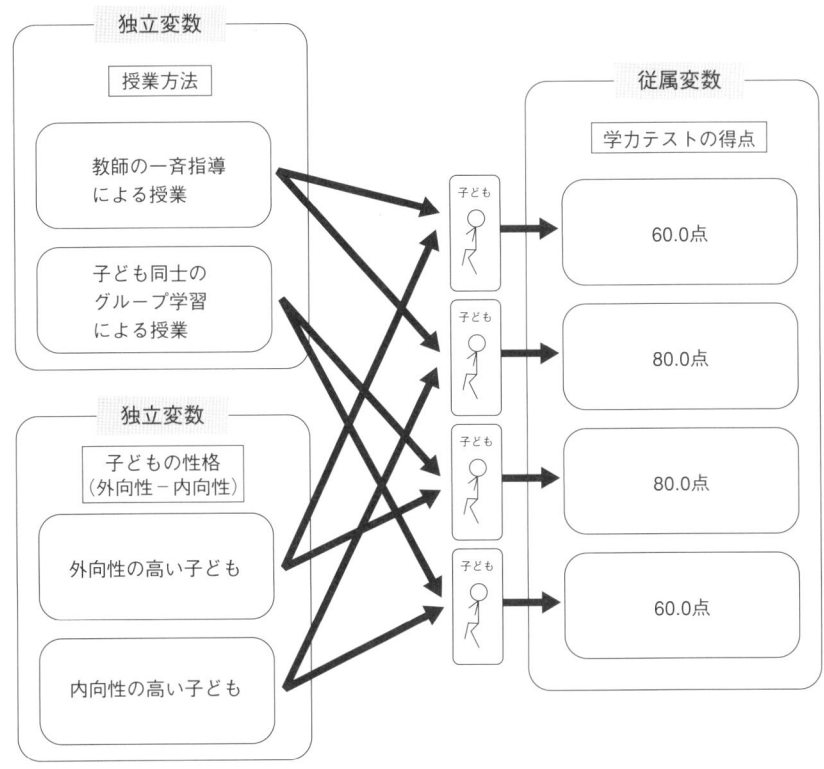

図2.4 2要因の独立変数を用いた実験の例(仮想データを使用)

交互作用

　独立変数が2要因以上の実験である場合，図2.5のような実験結果が見られることがある。これは，図2.4の仮想データに基づく実験結果を図示したものである。すなわち，内向性の高い子どもは，教師の一斉指導による授業で，効果的に学力が高まった一方で，外向性の高い子どもは，子ども同士のグループ学習による授業で，効果的に学力が高まったと読むことができる。実験でこうした結果が現れたとき，交互作用が生じたという。

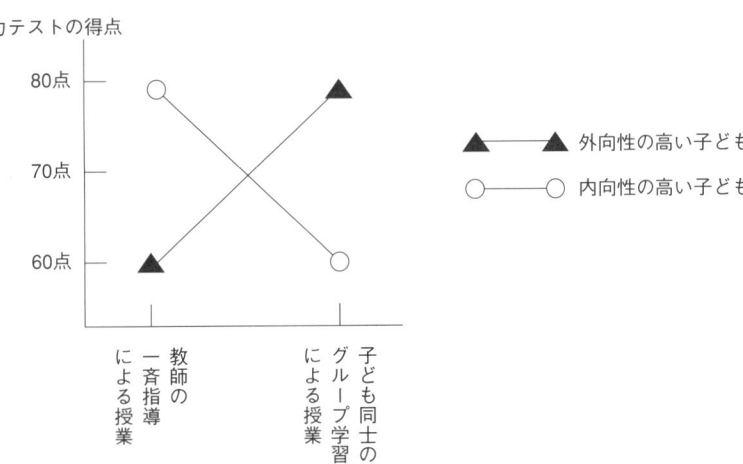

図2.5 2要因の実験において交互作用が見られる場合の図の例

交互作用とは，一般的な表現で説明すると，ある独立変数が従属変数へ及ぼす効果が，別の独立変数の水準（条件）の違いによって異なることということができる。交互作用が生じたときに，その結果を図示した場合，極端な例では，図2.5のようなグラフが示されることになる。ただし，図2.5のように，必ずしも2本（あるいはそれ以上）の線分の傾きが，1つが右上がりで，他が右下がりといった対称的なものになるとは限らず，むしろすべてが右上がり（右下がり）であることが現実的には多い。ただしその場合，それぞれの線分の傾きが異なる（たとえば，一方の線分の傾きは緩い右上がりだが，他の線分は急な右上がりになる）ことになるので知っておくとよい。なお，実際の実験において，交互作用が生じているかどうかは，統計的仮説検定（2要因，3要因の分散分析など）を通じて判断をしていくことも知っておくとよいだろう。

各条件への被験者の配置

心理学の実験においては，研究の目的が，人間の心の法則を理解することである。そのため，刺激を受ける立場として実験に参加してもらう人物（あるいは研究目的によっては動物）が必要となる。実験の刺激を受ける対象として，研究に参加する人物のことを被験者という。なお，近年の心理学の論文においては，被験者という言葉を用いず，実験参加者などと記されることが多いことについても知っておくとよい。

心理学の実験では，独立変数の各条件に対して，被験者をどのように割り振るかを計画することは重要である。1つの独立変数に対して，被験者を配置する方法により，心理学の実験は被験者内要因の実験と，被験者間要因の実験に分けられる。

被験者内要因の実験は，独立変数となる要因の各水準（条件）に，同じ被験者を割り当てるように計画された実験である。これに対して，被験者間要因の実験は，独立変数となる要因の各水準（条件）に，まったく異なる被験者を割り当てるように計画された実験である。このことについては，図2.6にも示したので，理解の参考にしてもらいたい。

被験者をどのように割り振るかについては，研究目的などを踏まえて計画されるが，それぞれの長所，短所について指摘することができる。たとえば，被験者内要因の実験では，各水準間の被験者の個人差について考慮しなくてよいが，被験者間要因の実験では，各水準に割り振られた被験者の個人差自体が，従属変数の値に影響する可能性がある。そのため，被験者間要

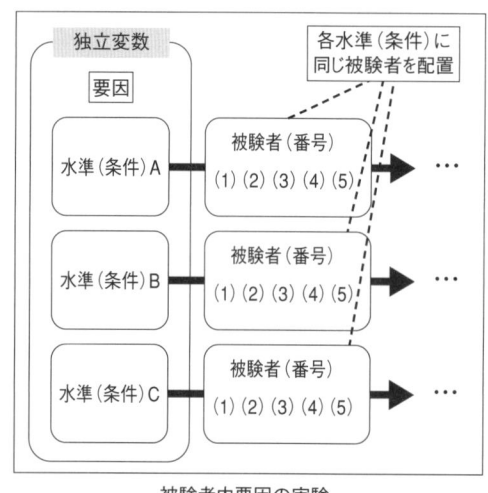 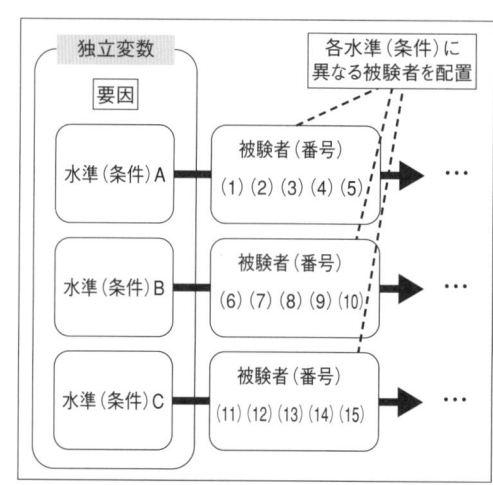

図2.6　被験者内要因および被験者間要因の実験における被験者の配置

因の実験では，できるだけ多数の被験者を各水準にランダムに割り振るように研究計画を立てる必要がある。また，被験者間要因の実験では，被験者がある計画に基づいた実験に参加する機会は1回のみであるため，被験者への負担が少ないが，被験者内要因の実験では，被験者が，あらゆる水準の課題を行うことから，従属変数に疲労の影響が反映されたり，同じ被験者に反復して同じ課題を経験させることから，練習の効果の影響が従属変数に反映されたりする。被験者における練習の効果や疲労の効果が，実験結果に影響を与える現象を，キャリーオーバー効果とよぶ。そのため被験者内要因の実験では，被験者間要因の実験では考慮する必要のない変数が，キャリーオーバー効果として従属変数へもたらす影響に留意しながら研究計画を立てなければならない。

準実験

性別のような先天的な要因や，個人がすでに有している性格や知能などの心理的あるいは身体的な特性などは，実験者が自由に操作することはどうしてもできない。無作為に抽出した被験者に対して，実験のときに男性あるいは女性のいずれかに変化してもらったり，または本来の性格を変えてもらったりすることが不可能だということは，容易に理解することができるだろう。

しかし，心理学の研究においては，個々の被験者の先天的要因や特性などを独立変数と見なし，被験者をこれらの差異に基づいて各水準に割り振り，実験の要領に基づいて，被験者に何らかの刺激を与えて，その反応を見るといった研究を進めることが多い。たとえば，性別を独立変数として扱い，被験者を男性と女性の2水準に分けて，ある課題を行ってもらってその成果を確認したり，あるいは被験者の性格特性の1つである神経症傾向を独立変数として扱い，神経症傾向の高い被験者群，中程度の被験者群，低い被験者群の3水準に分けて音楽などの刺激を与え，その反応について検討するなどである。こうした研究は，独立変数を実験者が操作できないという点では厳密には実験とはいいきれないが，研究手続きは実験的に進められていることから，準実験とよばれる。心理学の研究では，準実験を広義の実験と暗黙に位置づけていることが多いので，留意しておいてもらいたい。

実験とは（冒頭の問いに対する解説）

ここで本章冒頭に示した4つのことがらについて，どれが実験であるかについて，あらためて考えていただくことにしたい。

① 光がよく当たるところとまったく当たらないところに，それぞれ朝顔の種をまいて，発芽のあり方の違いについて調べてみた。
② 近くの川の水を採取して，いかなる微生物が存在するかについて，顕微鏡を使って調べてみた。
③ 5月において，晴れの日と雨の日とでは，大学に来ている学生の上着について，長袖と半袖の比率が異なるかについて調べてみた。
④ 振り子の揺れる速さが，いかなる要因によって影響しているかを探るために，振り子のおもりとひもの長さをいろいろと変えて調べてみた。

それぞれについて，解説をしていこう。
まず，①についてであるが，これは実験ということができる。①の独立変数，従属変数は次

のとおりである。

　　　独立変数…「光の照射」の1要因
　　　　　　　水準は，「光がよく当たるところ」「光がまったく当たらないところ」の2水準
　　　従属変数…「発芽のあり方」

　②については，実験とよぶことはできない。この研究は，現象の因果関係を明らかにするということを目指したものではなく，世の中の実態を知るための調査研究と見なすことができる。

　③については，実験とよぶことはできない。まずこの研究では，研究者は，晴れの日と雨の日を自在に操作しているわけではない。また，大学生に対して，研究者が因果関係を明らかにすべく何らかの刺激を提示しているわけでもない。この研究は，5月の天気のあり方と学生の上着の袖のあり方との関連（相関）について調査する研究であると位置づけられる。

　④については，実験とよぶことができる。この実験は，独立変数を2要因とした実験であることにも注目してもらいたい。2要因の独立変数と従属変数については，次のとおりである。

　　　独立変数…「おもりの重さ」「ひもの長さ」の2要因
　　　　　　　ただし，それぞれの水準は，本文中に明示されていない。
　　　従属変数…「振り子の揺れる速さ」

　つまり，実験とよぶことができるのは①と④である。

3

実験計画における留意点

はじめに：本章の実験の趣旨

　心理学の実験を計画するにあたっては，留意すべきことがらがいくつかある。いわば，心理学実験における作法といってもよいだろう。そうしたことがらを学んでいくうえでは，自らが実際に実験を行いながら，体験的に理解を深めていくことが効果的であるものと考えられる。そこで，本章では，きわめて単純な計画に基づく実験を行うが，そのことを通じて，心理学の実験ではいかなることに留意しながら実験計画を立てる必要があるのかについて，理解を深めていくことにしたい。

実験を体験する

目　的
　人間の「利き手」と「非利き手」とでは，「狭い溝を，棒で速くかつ正確になぞる」という作業に対する困難さに，顕著な違いが現れるかについて検討することを目的とする。なお，今回の実験における「利き手」は，普段鉛筆を持つ側としておく。

　ならびに，本章の「はじめに」でふれた趣旨に沿い，今回の実験を行う際には，本来の研究目的とは別に，次のことについて考えてもらいたい。実は，本章に示されたきわめて単純な計画に基づく実験方法では，「利き手」「非利き手」における作業の困難さの違いを検討するには，必ずしも十分であるとはいえない。そこで，先の目的に沿ったよりよい研究を行う場合，本章で示した研究手続きは，いかなる点を改善する必要があるかについて，あわせて考えてほしい。

方　法
1）実験計画
1要因2水準の被験者内要因による計画（図3.1）。
独立変数…作業に用いる手（利き手／非利き手）
従属変数…作業時間，失敗数
　　　　　（つまり，2つの従属変数を扱う。）
2）実験器具
①フェップル式安定度検査器（竹井機器工業製，図3.2）
　図3.2の道具が入手困難であれば，図3.3の図を等倍でコピーしたものを複数用意して活用されたい。この場合は，鉛筆も使用する。
②ストップウォッチ
③個人用記録用紙（本章末に添付）

④グループ集計用紙（本章末に添付）
3) 実験手続き
①実験に関わるメンバー全員が，実験者，被験者，記録者を体験できるように，あらかじめローテーションならびに個々の被験者番号を決めておく。
②実験者は，被験者を安定度検査器（あるいは図3.3のコピーと鉛筆）を置いた机の前に着座させる。
③実験者は，被験者に対して，次のように教示する。「まず，非利き手で触針を持ってください。そして触針を検査器の一番下の溝の左側の端に刺して，右側の端まで，溝の両側および奥に触れないようにしながら，できるだけ速く動かしてください。もし，触れた場合は，触れた場所に触針を戻して，そこから続けてください。まず，練習試行を一度しても

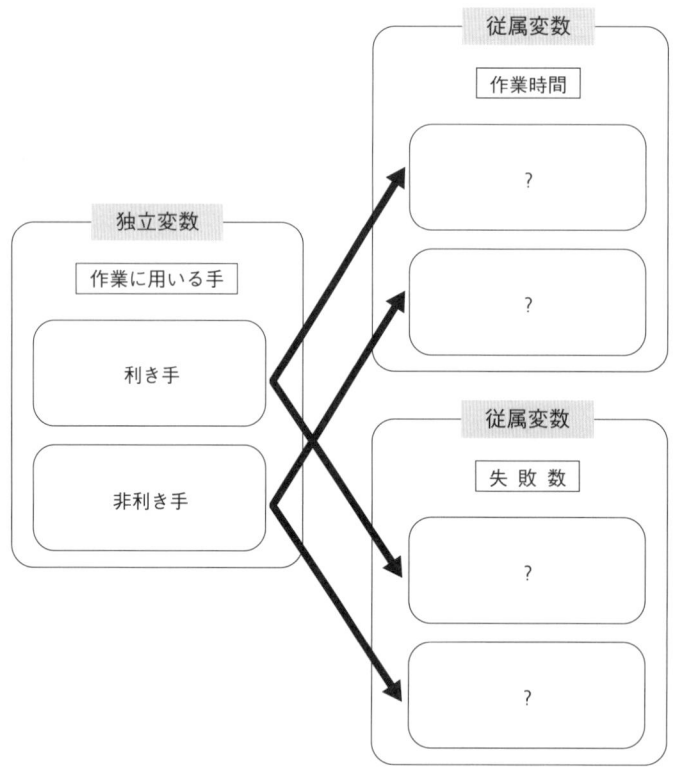

図3.1　独立変数と従属変数

図3.2　フェップル式安定度検査器 (竹井機器工業製)

らいます。練習試行では，一番上の直線の溝を使って，左から右へ向かって触針を動かしてもらいます。実験課題がどういったものかを実感してください。どうぞ。」（図3.3のコピーと鉛筆を使う場合は，鉛筆を持つ手を紙面に触れないようにしながら，白抜きの溝を左から右へたどるように教示する。以下「触針」と記載の箇所を鉛筆と置きかえて教示するとよい。）

④実験者は，被験者が練習試行を終えたのを確かめ，「次からが本番です。」と伝達する。
⑤実験者は，被験者が非利き手に触針を持っていることならびに，実験の準備態勢がとられていることを確認する。
⑥実験者は，被験者の準備状態を確認したら，「スタート」の合図を行うとともに，ゴールまでの時間をストップウォッチで計時する。
⑦記録者は，被験者が触針を溝の端や奥に当てた数（失敗数）を数える。そして被験者がゴールしたら，失敗数ならびに課題遂行にかかった時間をストップウォッチで確認して，それらを個人用記録用紙に記す。課題遂行にかかった時間は，小数第1位まで記録しておくことにする。なお，フェップル式安定度検査器では，失敗数については検査器の背面にあるカウンターで確認できるので，それを活用するとよい。
⑧⑦までの手続きが終われば，実験者は，被験者に利き手に触針を持ちかえるように指示する。そして，記録者とともに，再び⑥⑦の手続きを行う。すべてを終えたら，実験に関わるメンバー全員が実験者，被験者，記録者を体験することができるように，同じ手続きを繰り返す。

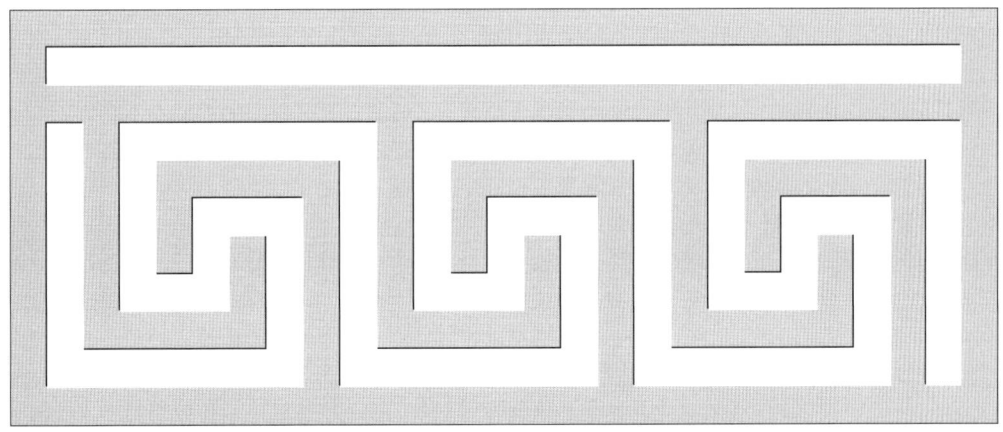

図3.3　実験作業用紙（上の白抜きの溝が練習用，下の溝が本番用）

結果の整理

グループ用集計用紙に，グループ全員の，非利き手ならびに利き手における失敗数ならびに課題遂行にかかった時間をまとめる。そして，それぞれに対する平均値を算出する。

考察のポイント

1）研究目的に即した考察として　実験を無事に終えたならば，結果を考察することが必要である。具体的には，実験前に設定した研究目的ならびに得られた結果を踏まえながら，「今回の実験では研究仮説は支持されたか」「仮説が支持されなかった場合，その原因としていかなることが考えられるか」「得られた結果から，いかなる研究仮説を新たに示すことができるか」「今後いかなる研究がさらに必要であるか」などについて考察を行っていくのである。この点については，実験レポートの書き方にも通じることなので，詳しくは第6章を参照して

もらいたい。

さて，この実験は，人間の「利き手」と「非利き手」とでは，「狭い溝を，棒で速くかつ正確になぞる」という作業に対して，困難さに違いがあるかどうかについて検討することが目的であった。この点については，非利き手ならびに利き手における課題での失敗数ならびに課題遂行にかかった時間の平均値のデータが参考になるだろう。果たして，みなさんのグループでは，どのような結果になっただろうか。ならびにその結果から，いかなることがいえるだろうか。まずは，研究目的に即して，今回みなさんが得たデータをもとに，このことを考えてもらいたい。

2）今回の実験計画について考えてもらいたいこと　さて，特に今回の実験に限っては，心理学に関する実験を計画する際に，いかなることに留意する必要があるかについて深く考えていただきたい。今回の実験手続きは，本来の研究目的に沿ったかたちで行うためには，改善すべき点をいくつか指摘することができる。果たして，みなさんは，この実験を体験することを通じて，改善すべき点として気づかれたことはなかっただろうか。ここで，とりわけみなさんに押さえておいてもらいたい改善すべき点を挙げることにしたい。

まず，仮に今回のみなさんの実験のデータを見たときに，「非利き手」の方が「利き手」よりも，従属変数としての失敗数が多く，課題遂行にかかった時間も遅い傾向にあったとしよう。このことを通じて，今回の研究目的に即して解釈するならば，「非利き手」において，今回の課題遂行は困難であった，と結論づけたいところである。しかし，今回の手続きどおりに実験を行った限りでは，この解釈には慎重を要さねばならないのである。なぜならば，今回の実験手続は，被験者内要因の計画ですすめられているが，すべての被験者は，1回目に「非利き手」，2回目に「利き手」という順序で作業を行うかたちをとっているからである。このことにより，2回目に作業を行った「利き手」では，1回目で「非利き手」で作業を行ったことによる練習の効果が現れ，課題遂行に有利に働いた可能性を否定することができないのである。

第2章でも少しふれたが，同一人物が複数の水準の手続きに参加する被験者内要因の実験では，こうした練習の影響や，あるいは被験者の疲労の影響（たとえば今回の実験に即していえば，2回目に「利き手」での作業において，被験者に疲労が生じて，練習の影響とは逆に，作業の遂行に不利であったということ）が従属変数に及ぼす可能性に留意しなければならないのである。これらはキャリーオーバー効果とよばれるものであるが，実験を計画する者は，実験手続きを工夫することにより，こうした影響を排除していくことが求められるのである。今回の実験であれば，半数の被験者の実験手続きを，1回目に「利き手」，2回目に「非利き手」といったかたちで計画し，全被験者の結果の平均値により，両水準の結果を比較すれば，従属変数の値からキャリーオーバー効果の影響を排除することができる。なお，キャリーオーバー効果によって従属変数に含まれるデータの誤差は，恒常誤差とよばれる。

また，今回の実験では，被験者は「非利き手」と「利き手」の各水準の作業を，1回ずつ行うという手続きをとっている。しかしながら，被験者が，各水準の手続きを1回のみ行うという場合，得られる実験データの数値は，実験中に偶然に生じた誤差の影響を受けやすいことが懸念される。たとえば，ある被験者が「利き手」で作業をしている際に，急に咳をしたくなったなどの偶発的な出来事が生じたときに，今回の実験の従属変数である作業時間および失敗数は少なからず影響を受けることだろう。このような，実験中の偶発的な出来事によって従属変数に反映する誤差は，偶然誤差とよばれる。偶然誤差は，被験者の数を増やすか，あるいは被験者たちが各水準の課題を複数回行うなどによって多数のデータを得て平均化することによって解消されるようになる。今回の実験であれば，各被験者において，「非利き手」「利き手」の作業を1回ずつではなく，疲労や練習の影響が過度にデータに現れない程度に，複数回ずつ行うという実験計画を立てることにより，従属変数に生じる偶然誤差を少なくすることにつな

がるのである。

　以上のことから，実験計画を立てる際には，従属変数に含まれてしまう誤差を小さくするための工夫が求められることがわかる。次章以降で紹介する実験においては，こうした誤差を減らすための工夫が確認できるので，ぜひとも心に留めながら実験手続きについて学んでいただきたい。

第3章の実験用記録用紙（個人用記録用紙）

実験実施日　　月　　日

実験者　　番号　　　　氏名
被験者　　年齢　　　　性別
　　　　　番号　　　　氏名

	失 敗 数	課題遂行にかかった時間
非利き手	回	．　秒
利 き 手	回	．　秒

第3章の実験用記録用紙（グループ集計用紙）

被験者番号	非利き手		利き手	
	失 敗 数	課題遂行にかかった時間	失 敗 数	課題遂行にかかった時間
	回	．　秒	回	．　秒
	回	．　秒	回	．　秒
	回	．　秒	回	．　秒
	回	．　秒	回	．　秒
	回	．　秒	回	．　秒
	回	．　秒	回	．　秒
	回	．　秒	回	．　秒
	回	．　秒	回	．　秒
	回	．　秒	回	．　秒
	回	．　秒	回	．　秒
平均値	回	．　秒	回	．　秒

4

実験をしてみよう1（ミューラー・リヤー錯視）

はじめに

　私たちは，光，音，におい，味，温度などのさまざまな刺激を，感覚器官（目，耳，鼻，舌，皮膚など）を通して知覚している。そして知覚することをきっかけとして，自分の周囲に広がる世界について感じたり，考えたり，判断したりしているのである。

　しかし，私たちの感覚器官を通して得られる世界は，必ずしも客観的世界をとらえているとは限らない。たとえば「見る」ことは外界をそのまま写し取っているとはいえない。「見る」仕組みは，目の網膜に写った像を神経の情報に変換し，脳に送り，そこで処理されて初めて「見た」と感じるのである。すなわち，網膜にはカメラのように客観的世界が写っているが，そこから私たちの心理的メカニズムによって視知覚的な世界が作られているといえる。

　このような客観的世界と知覚的世界との不一致は錯覚という現象として，日常生活の中でも実感することができる。たとえば，実際には静止画を連続提示しているだけなのに，テレビアニメのキャラクターは生きて動いているかのように見える。これもまた静止画像から運動を知覚する心理的メカニズムが働いていることを示している。

　錯視とは，こうした錯覚の一種で，長さ，大きさ，形，奥行き，色，明るさなど，目で見ることによって知覚される錯覚のことを指す。本研究で扱うミューラー・リヤー錯視（図4.1）は，長さについての錯覚をもたらす刺激として知られている。

　本実習ではミューラー・リヤー錯視を用いて，心理学実験の基本的な手続きを実験者，記録者，被験者として体験する。また精神物理的測定法（調整法）の習得，実験計画や条件の統制を含む実験の基礎的な考え方や注意点もあわせて理解することが望まれる。

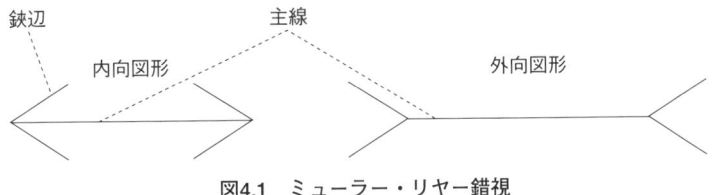

図4.1　ミューラー・リヤー錯視

目　的

　ミューラー・リヤーの錯視図を用いて，主線と鋏辺の間の角度（鋏角）が，主線の錯視量へ及ぼす影響について検討する。

方　法

実験計画

1要因3水準の被験者内要因による計画（図4.2）。

独立変数…鋏角（15°／30°／60°）

従属変数…錯視量（「内向図形の主線の長さ」－「外向図形の主線の長さ」で算出）

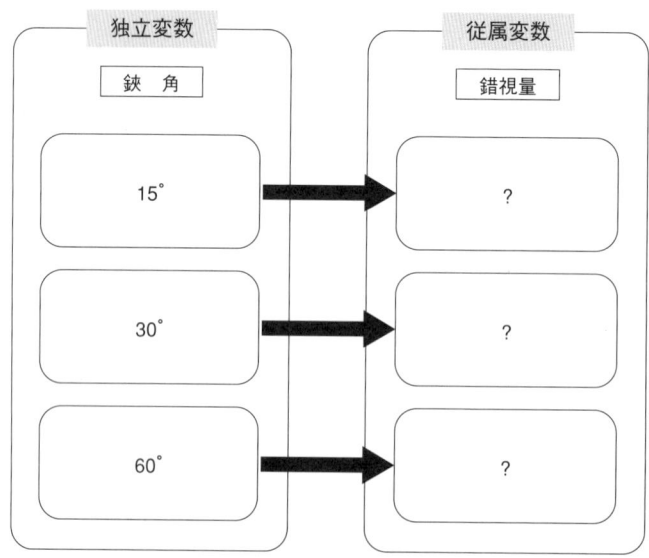

図4.2　独立変数と従属変数

実験器具

①ミューラー・リヤー錯視図（竹井機器工業製）

　本実験では，図4.3のような錯視図を用いる。この錯視図は，内向図形が記載されたパネルと外向図形の一部が記された2枚のパネルからなる。内向図形の主線の長さは変えられないが，外向図形の主線の長さは，パネルを動かす（図4.3に従えば，外向図形のパネルの表面が，内向図形のパネルの裏面と向かい合うかたちで右または左へスライドさせる）ことで変えることができる。今回の実験では，図形の鋏角が15°，30°，60°の3タイプの錯視図（鋏辺はいずれも30mmとする）を使用する。こうした錯視図が身近になければ，独自に作成するなど工夫されたい。

②巻き尺

　被験者の目とミューラー・リヤーの錯視図の距離を1メートルに保つため，その提示距離の測定に用いる。

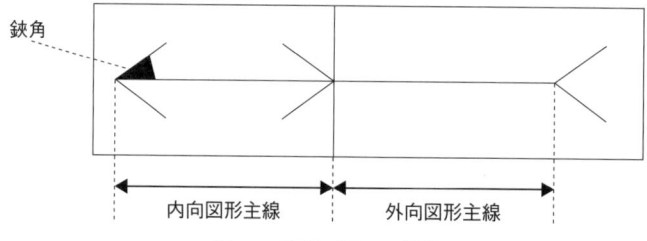

図4.3　実験で用いる錯視図

③個人用記録用紙（本章末に添付）
④グループ集計用紙（本章末に添付）

実験手続き

実験は，実験者調整法（p.21参照）により行う。実施の流れは次のとおりである。あらかじめ，全員が実験者，被験者，記録者を体験するように順番を決めておく。

【練習試行】
①実験者は，被験者の目から1メートルの距離で錯視図を提示できるように対座する。
②実験者は，主線が床面と平行になるように，被験者の視線方面に向けて錯視図（まずは鋏角15°）を提示する。
③最初に，「下降系列・内向図形左側」（以下「下降・内向左」）の場合を実施する。「下降・内向左」とは，次の手続きを指す。
　（1）被験者から見て内向図形が左側になるように錯視図を提示する。
　（2）外向図形の主線が，内向図形の主線よりも明らかに長い位置から，徐々に外向図形を短くしていく。
　なお，以下では，内向図形を「標準図形」ともよぶこととする。
④実験者は，以下の4点を被験者に説明する。
　（1）練習試行であること。
　（2）内向図形（標準図形）と外向図形の区別。
　（3）課題は内向図形（標準図形）の主線と，外向図形の主線の長さの主観的等価点（p.21参照）の報告を求めるものであること。
　（4）被験者が図形を見るときには，主線部分に注目するのではなく，図を全体として観察すること。
⑤実験者は，続いて次の教示を行う。「これから練習試行を始めます。こちらの内向図形の線分と，こちらの外向図形の線分が同じ長さになったと感じたときに，『はい』と言ってください。」そして，実験者は開始の合図（「始めます。」）の後，少しずつ，ゆっくりと外向図形を短くしていく（図4.4）。

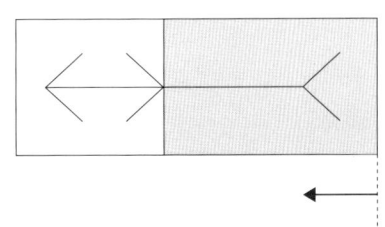

図4.4　手続きの図示（練習試行の場合）
「下降系列・内向図形左側」の試行では，外向図形が記されたパネル（上の図では灰色のパネル）を左へずらす。

【本試行】
①実験者は，被験者が手続きについて理解したことを確認したうえで，以下の言葉で本試行の開始を教示し，実験を開始する。「では本試行を行います。練習試行の要領で，『はい』と言ってください。」各鋏角条件における標準図形の提示順序は図4.5に従い，最初は15°条件の「上昇系列・内向図形右側」（以下「上昇・内向右」，図4.5の(1)）試行から実施する。
　上昇系列と下降系列の手続きについては，以下のとおりである。

◆上昇系列の場合
　明らかに外向図形が短いところから実験を始め，徐々に外向図形を長くしていく。
◆下降系列の場合
　明らかに外向図形が長いところから実験を始め，徐々に外向図形を短くしていく（練習試行と同様の手続きである）。

②実験者は被験者の「はい」という反応がなされた時点で，錯視図のスライドを固定し，裏面を記録者に見せる。記録者は，錯視量（「内向図形の主線の長さ」－「外向図形の主線の長さ」）を1mm単位で個人用記録用紙（本章末に添付）に記す（実験者，記録者とも，錯視量を口にするようなことはあってはならない）。

③「上昇・内向右」（図4.5の(1)）の後，「下降・内向左」「下降・内向右」「上昇・内向左」「下降・内向右」「上昇・内向左」「上昇・内向右」「下降・内向左」の順序（図4.5の(2)から(8)）で，15°条件を反復して（計8回）行う。なお実験者は，それぞれの試行で，実験の開始点が一定にならないように注意すること。

　　注：1条件で，複数回（本実験は8試行）の試行を行うこと，また上昇・下降系列を同じ回数（4試行），標準図形の位置（左右）を同じ回数（4試行）含めていることは，偶然誤差（p.21参照）や剰余変数（p.21参照）がもたらす恒常誤差（p.22参照）の影響を統制するためである。

④③に示した手続きが一通り終われば，30°の条件に変えて，図4.5の(1)～(8)の提示順序で8試行を実施する。

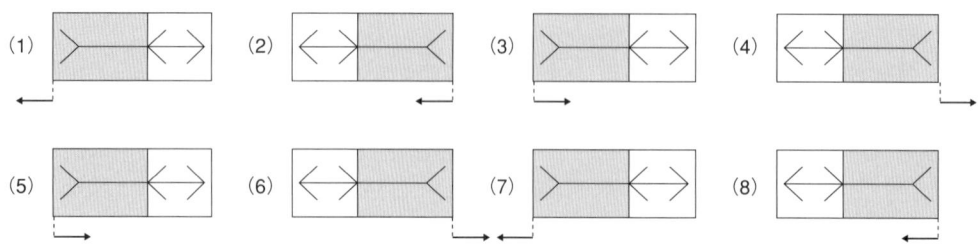

図4.5　本実験における「上昇・下降系列」と「標準図形の左右」の提示順序
（一人の被験者につき，これを15°，30°，60°の各条件で行う）

その他の実験実施上の注意点

①実験者，記録者は，実験中は発言内容，表情，声のトーンを一定に保ち，被験者がなるべく安定した精神状態で実験に臨めるよう心がける。

②実験者，記録者はすべての試行が終了するまで，被験者に錯視量およびその手がかりを知られてはならない。これは，自身の錯視量を知った被験者が本実験において，自分の感覚を修正して反応する可能性を排除するためである。

③その他実験に影響を及ぼすと思われる剰余変数の要因（例：雑音，教示の不正確さ，実験者の態度）を排除すること。

結果の整理

グループ内で得られた3条件の錯視量の平均値を算出する。

考察のポイント

3条件の平均値をもとにグループ内で話し合い，考察を行う。考察のポイントは以下を参考にするとよい。
①今回の結果は鋏角によって錯視量が異なることを示すものであったか。
②なぜ実験結果のような錯視量の違いが生じたのか。
③今回の実験手続きに改善をはかるならば，いかなることが考えられるか。
　例）カウンターバランス（p.23参照）の問題。
④錯視に影響する要因として，今回取り上げた独立変数以外にどのようなものが考えられるか。
　例）鋏辺の長さ，上昇・下降系列，標準図形の空間的位置など。

実験手続きに関する重要なキーワード

実験者調整法

ミューラー・リヤーのような精神物理学的な実験において，刺激を与える方法の1つである。調整法は，刺激を一方向にまた連続的に（上昇系列あるいは下降系列）変化させ，「反応の転換点」（今回のミューラー・リヤーの実験であれば，"「違う長さ」から「同じ長さ」に見える"点を指す）を被験者に報告させる。調整法は刺激提示が被験者，実験者のどちらも可能であり，刺激を変化させる手続きを被験者自身が行う場合を被験者調整法といい，実験者が刺激を変化させる手続きの場合を実験者調整法とよぶ。その他，精神物理学的測定法として「極限法」（第5章参照），「恒常法」などがある。

主観的等価点（point of subjective equality, PSE）

被験者にとって，ある2変量の値が同じになったと知覚される点を指す。今回の実験の場合，「内向図形の主線の長さ」＝「外向図形の主線の長さ」となったときに該当する。

偶然誤差

実験中にまったくの偶然によって生じる誤差をいう。多数回反復して従属変数の値を測定し，その平均を算出することにより，偶然誤差は0に近くなる。

具体的に説明する。たとえば，15°の試行をある被験者に対して，1回しか実施しなかったとする。そのとき，被験者の「はい」の反応が，"偶然"遅れてしまった，あるいは"偶然"早くなってしまったとしよう。偶然に生じた反応の結果は，当然ながら錯視量として測定した数値に反映される。1試行のみを行ってこのように得られた結果は，正しく錯視量を測定したものとは言い難い。しかしながら，同様の試行を8回反復して行い，8回の試行の結果から，錯視量の平均値を出せば，偶然反応が遅くなってしまった1回の試行の影響は，8分の1に薄まる。すなわち複数回同じ試行を繰り返すことにより，"偶然"遅れたあるいは早くなったという誤差は，結果的に±0に近づくといえる。

剰余変数

独立変数以外に従属変数の値に影響を及ぼす変数のことである（図4.6参照）。実験は，独立変数が従属変数に及ぼす影響（両変数の因果関係）を明らかにするために行われるものである。しかし，現実の実験手続きでは，独立変数以外の剰余変数が，従属変数の測定値に影響を及ぼすことがある。すなわち剰余変数が存在することで，実験における従属変数の値が，独立

変数によってもたらされたといいきれなくなるのである。そのため，実験においては，独立変数のみが従属変数の結果に反映するように，剰余変数の統制を行うことが重要な作業となる。

本実験において「上昇系列か下降系列か」「標準図形は右か左か」は，典型的な剰余変数といえるものであり，従属変数の値（錯視量）に影響を与えうる。特にこれらの剰余変数は，恒常誤差（次項参照）を生み出すもとになる。なお本実験では，図4.8のような手続きを通じて，上昇・下降の系列順序の誤差，標準図形の空間的配置の誤差という剰余変数の影響が，測定された錯視量に影響しないように工夫している。

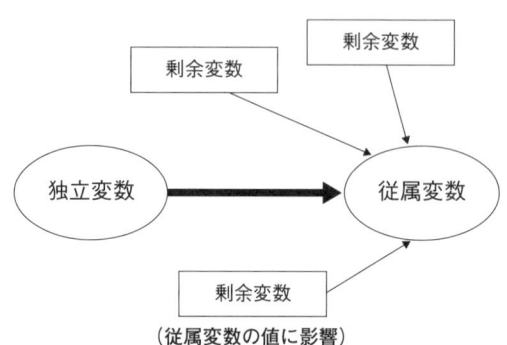

図4.6　独立変数・従属変数と剰余変数（モデル）

恒常誤差

偶然誤差とは異なり，ある剰余変数の影響により，測定を繰り返すにつれて一層増大する誤差をいう。この実験において，上昇・下降系列を行ったり，標準図形の位置を左あるいは右にしたり，といった手続きは恒常誤差をなくすための手続きである。

具体的に説明する（図4.7参照）。独立変数の鋏角が［15°］条件のときには，標準図形の位

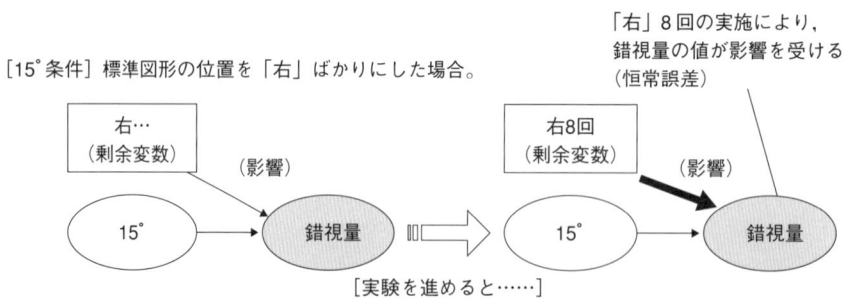

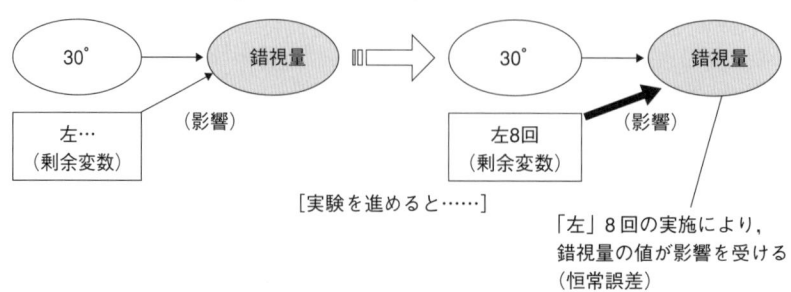

図4.7　恒常誤差が引き起こす問題

置を右のみで8回反復して行ったとする。一方，鋏角が［30°］条件のときには，標準図形の位置を左のみで8回反復して行ったとする。実験の結果，［15°］条件と［30°］条件で，錯視量に違いがみられたとしよう。このとき，鋏角の違いが錯視量に影響したといいきれるであろうか。もし，標準図形の位置（左右）が錯視量に影響するのであれば，［15°］条件の結果では標準図形が右であるということが測定値に影響し，［30°］条件の結果では標準図形が左であるということが測定値に影響している可能性が出てくるのである。

　このような恒常誤差をなくすための対処方法が図4.8である。［15°］条件と［30°］条件において，標準位置が左右同数回含まれていれば，従属変数の錯視量に及ぼす影響は鋏角によるものと見なすことができる。

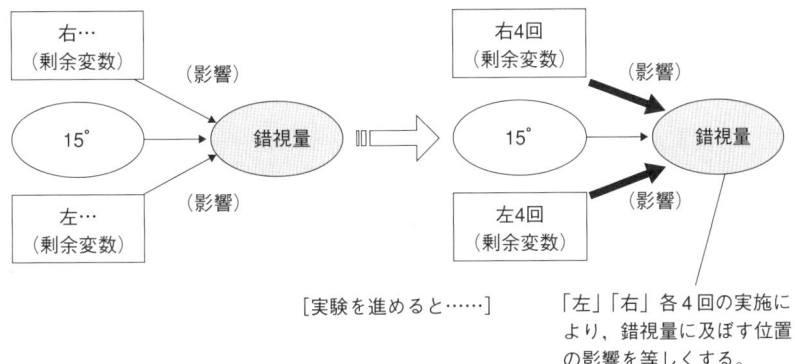

15°条件と同様に30°条件でも「標準図形の位置」（剰余変数）が右も左も同じ回数ずつ含まれる実験手続きをすれば，両条件の錯視量（従属変数）の値に差がみられた場合に，鋏角（独立変数）が引き起こした差であるといえるようになる。

図4.8　図4.7の恒常誤差をなくすための実験手続き（例）

カウンターバランス

　特定の被験者がすべての実験条件を受ける被験者内要因の実験では，先行する実験条件が後続の実験条件の結果に影響を及ぼすような順序効果（従属変数の測定値が，課題の提示順序によってもたらされる誤差で影響を受けること）やキャリーオーバー効果（反復測定を行うことによる疲労や，実験中に入手した知識が他の条件へ持ち越されることによって，従属変数に影響を及ぼすこと）に留意しなければならない。この影響を相殺するために行われる手続きをカウンターバランスという。

　本実験では，独立変数の3つの水準について，被験者内要因の実験手続きで［15°］→［30°］→［60°］の順番で試行している。この場合，［15°］の結果に比べると，［60°］の結果において，被験者の疲労の影響が従属変数（錯視量）の値として現れている可能性も考えられる。ならびに，［15°］のあとに［30°］，［30°］のあとに［60°］という刺激の提示順序が，何らかの影響を従属変数にもたらしている可能性もありうる。そのため，仮に6人の被験者にこの実験を行うならば，

　　　　　　　　　1人目：15°→30°→60°
　　　　　　　　　2人目：30°→60°→15°
　　　　　　　　　3人目：60°→15°→30°
　　　　　　　　　4人目：15°→60°→30°
　　　　　　　　　5人目：30°→15°→60°
　　　　　　　　　6人目：60°→30°→15°

などといったように，6人の被験者において，3条件を実施する順番を変えるといった実験手続きをとることが望ましいのである。このようにすることで，疲労などによる成績低下，あるいは練習による成績の改善といった影響を統制することができる。

ミューラー・リヤー錯視に関する参考資料

遠近法からの解釈

日常の3次元の世界を私たちが見渡したとき，遠くにあるものは小さく見えている。こうした現象を利用して，2次元の画用紙に奥行きを表現するために用いられる絵画技法が，遠近法（線遠近法）といわれるものである。

しかしながら，私たちは山が遠くに小さく見えているからといって，それを本当に小さいと感じたりはしない。路上を歩行中に車が追い越していくとき，だんだん小さく見えていくからといって，実際に大きさが変化したと知覚することはない。1メートル離れたところに立っている人が，2メートル離れた場所に立った場合，網膜上の人物画像は半分の大きさになるが，そのとき私たちはその人物の大きさを保ったまま知覚するであろう。こうした現象は，「大きさの恒常性」とよばれている。

ここで，ミューラー・リヤー錯視の内向図形，外向図形それぞれを，遠近法（線遠近法）で描かれた絵の一部と考えてみる。たとえば図4.9では，2つの異なる踏み台のそれぞれに，内向図形，外向図形を見ることができる。こうした図を描くと，外向図形が含まれる部分は，内向図形が含まれる部分よりも，実際の3次元世界では遠くに存在することになるのがわかる。しかし，あくまでも2本の線分は網膜上同じ長さである。このとき，"網膜上の長さが同じならば，遠くにある方が実際は長いはずである"という大きさの恒常性のメカニズムが働き，内向図形よりも外向図形の線分が長く見えると解釈される。

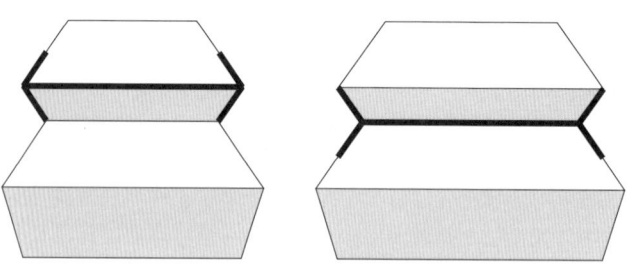

図4.9 2つの踏み台（2段）を斜め上から見たイメージ

眼球運動説

ヴント（Wundt, W.）によって提唱された，眼球の運動量によって錯視を説明しようとする説である。ミューラー・リヤー錯視においては，外向図形の全体を見る場合，外向きの斜線の分だけ，視線が主線よりも長く移動することになる。それによって，主線の長さが過大視されるという説である。しかしながら眼球運動が生じ得ないほどの短時間の刺激提示でも，ミューラー・リヤー錯視が生じることが指摘されている。

低空間周波数抽出説

画像やモノの形を知覚する際には，空間周波数が関わっていることが知られている。Ginsburg（1986）によれば，私たちがモノの大きさや長さを知覚するときは，空間周波数の中でも低周波成分によって規定されており，したがってミューラー・リヤー錯視図形は，脳内

において画像がボケた状態で処理されていると考えられる。そのため，外向図形は内向図形よりも全体的に大きく，よってその主線は長く知覚されると解釈している。

文献

Ginsburg, A. P. (1986). Spatial filtering and visual form perception. In K. R. Boff, L. Kaufman, & J. P. Thomas (Eds.), *Handbook of perception and human performance*. Vol. 2: *Cognitive processes and performance*. New York: Wiley. pp.1-34.

大山　正 (2000). 視覚心理学への招待――見えの世界へのアプローチ――　サイエンス社

第4章の実験用記録用紙（個人用記録用紙）

実験実施日　　　月　　　日

被験者：番号　_____　　氏名　_____

　　　　年齢　_____　　性別　_____

実験者：番号　_____　　氏名　_____

記録者：番号　_____　　氏名　_____

練習試行	下降系列 内向図形　左				

				15°	30°	60°
1	上昇系列 内向図形　右			mm	mm	mm
2	下降系列 内向図形　左			mm	mm	mm
3	下降系列 内向図形　右			mm	mm	mm
4	上昇系列 内向図形　左			mm	mm	mm
5	下降系列 内向図形　右			mm	mm	mm
6	上昇系列 内向図形　左			mm	mm	mm
7	上昇系列 内向図形　右			mm	mm	mm
8	下降系列 内向図形　左			mm	mm	mm
	1〜8の合計（A）			mm	mm	mm
	平均（B）＝（A）/8			mm	mm	mm

第4章の実験用記録用紙（グループ集計用紙）

	15°	30°	60°
番号＿＿＿＿＿の平均 （個人用記録用紙の（B）の値に相当）	mm	mm	mm
番号＿＿＿＿＿の平均 （個人用記録用紙の（B）の値に相当）	mm	mm	mm
番号＿＿＿＿＿の平均 （個人用記録用紙の（B）の値に相当）	mm	mm	mm
番号＿＿＿＿＿の平均 （個人用記録用紙の（B）の値に相当）	mm	mm	mm
番号＿＿＿＿＿の平均 （個人用記録用紙の（B）の値に相当）	mm	mm	mm
番号＿＿＿＿＿の平均 （個人用記録用紙の（B）の値に相当）	mm	mm	mm
番号＿＿＿＿＿の平均 （個人用記録用紙の（B）の値に相当）	mm	mm	mm
番号＿＿＿＿＿の平均 （個人用記録用紙の（B）の値に相当）	mm	mm	mm
番号＿＿＿＿＿の平均 （個人用記録用紙の（B）の値に相当）	mm	mm	mm
番号＿＿＿＿＿の平均 （個人用記録用紙の（B）の値に相当）	mm	mm	mm
グループメンバーの平均値の合計（C）	mm	mm	mm
1試行あたりの錯視量（D） ＝（C）/（グループの人数）	mm	mm	mm

1　知覚心理学実験事例の紹介1（マガーク効果）

　他者との言語を用いたコミュニケーションは日常生活で欠かせないものである。私たちは相手の声をよく聴こうとするとき「耳をすます」という手段をとるが，耳をすましても相手の声がよく聞こえないような騒がしい状況ではどのように会話を続けているのだろうか。私たちはそのような状況におかれると，相手の口元をよく見て唇の動きを読み取り，話の内容を理解しようとするだろう。つまり私たちは他者との言語コミュニケーションを円滑に進める手段として聴覚情報と視覚情報の両方を利用しているのである。しかし普段，視覚情報が他者の発話内容を認識するために非常に重要な役割を担っているということを意識しないであろう。McGurk & MacDonald（1976）は，他者の言葉の理解には聴覚情報だけでなく視覚情報も重要であることを実験により証明した。

　McGurk & MacDonald（1976）は聴覚でとらえる音声と視覚でとらえる唇の動きが不一致な事態を4つ設定した。その組み合わせを表1に示す。実験参加者は幼児（3-5歳）21名，小学生（7-8歳）28名，成人（18-40歳）54名であった。実験参加者の課題は2つあり，1つは女性が発話している様子をビデオで見て，その女性の発語音を繰り返すことであった。この条件では実験参加者は聴覚情報と視覚情報を同時に受け取ることとなる（聴覚−視覚条件）。もう1つはビデオを見ないで女性の発語音を繰り返すことであった。この条件では実験参加者は聴覚情報のみを受け取ることとなる（聴覚条件）。その結果，正答率（正しく発語音を繰り返すことができた）は聴覚条件の方が聴覚−視覚条件よりも高かった。聴覚−視覚条件における実験参加者の誤反応は，たとえば聴覚情報「ba-ba」に対し視覚情報「ga-ga」では「da-da」と報告してしまうというものであった。McGurk & MacDonald（1976）はこの反応を融合反応と名付けた。この傾向は成人の実験参加者で顕著にみられ，成人は幼児や小学生よりも視覚情報から強い影響を受けることが示された。

　私たちは目から受け取る視覚情報と耳から受け取る聴覚情報はそれぞれ独立したものであるという認識をもってしまうが，実はそれらの感覚は相互に作用し，日常生活を円滑に送るための重要な役割を担っているのである。

〈加藤公子〉

表1　聴覚−視覚条件に使用された刺激
（McGurk & MacDonald, 1976 より）

	聴覚情報	視覚情報
1	ba-ba	ga-ga
2	ga-ga	ba-ba
3	pa-pa	ka-ka
4	ka-ka	pa-pa

文　献

McGurk, H., & MacDonald, J. （1976）. Hearing lips and seeing voices. *Nature*, **264**, 746-748.

5

実験をしてみよう2（触二点閾）

はじめに

　私たちは外界からの刺激を視覚・聴覚・嗅覚・味覚・触覚の五感で受け取っている。このうち触覚以外の4つの感覚は目・耳・鼻・舌といった特殊な器官を通して知覚しているが，触覚は特殊な受容器をもたず，身体の末梢に散在している受容器から知覚する（山口，2006）。したがって，私たちの身体はいずれの部位においても何かに触れた場合にはそのものの質感を感じ取ることができるのである。

　触覚が刺激を知覚するためには適切な強度が必要となる。つまり，刺激強度がある程度以上弱くなると刺激が存在してもその存在を検出できなくなるし，同時に複数の刺激を提示した場合，それらの刺激強度にある程度以上の違いがないと異なるものとして知覚できない。また，複数の刺激が提示された場合，刺激を個々に知覚するためにはそれらの刺激間にある程度以上の距離が必要となる。たとえば，2つの刺激が同時に与えられたとしよう。今与えられた刺激数は2つであると明確に感じられるのはそれらの刺激が皮膚面でどの程度離れた状態であるだろうか。2つの刺激の距離がある程度離れていれば与えられた刺激数は2つであったと明確に感じられるが，2つの刺激間の距離を狭くしていくと，与えられた刺激が2つであったのか，1つであったのかわからなくなる。このように外界の刺激を触覚で正確に認識するためには適切な刺激強度と空間的距離が必要となる。そこで本実験では刺激の空間距離に注目し，触二点閾を取り上げる。

　物理的な2つの刺激が同時に与えられたとき，それを触覚で2つの刺激であると知覚できる刺激間隔の臨界値を触二点閾（two-point threshold in tactual space）あるいは触二点弁別閾という。私たちが刺激の存在や差異を検出するための最小単位を閾値というが，閾値が低いということは感度が高いことを意味し，閾値が高いということは感度が低いことを意味する。身体のどの部位の触感覚の感度が高いのかあるいは低いのかを検討するためには，多くの部位を測定対象として用いるべきであるが，本実験では比較的測定が容易に行える身体部位を測定部位とする。

目　的

　3つの身体部位で触二点閾を測定し，各部位の触二点閾の違いを確かめる。さらに身体部位の触二点閾にはどのような法則があるかを検討する。

方　法

実験計画
1要因3水準の被験者内要因による計画（図5.1）。
独立変数…身体部位（非利き手中指／非利き手手のひら／非利き手前腕（ぜんはく））
従属変数…触二点閾

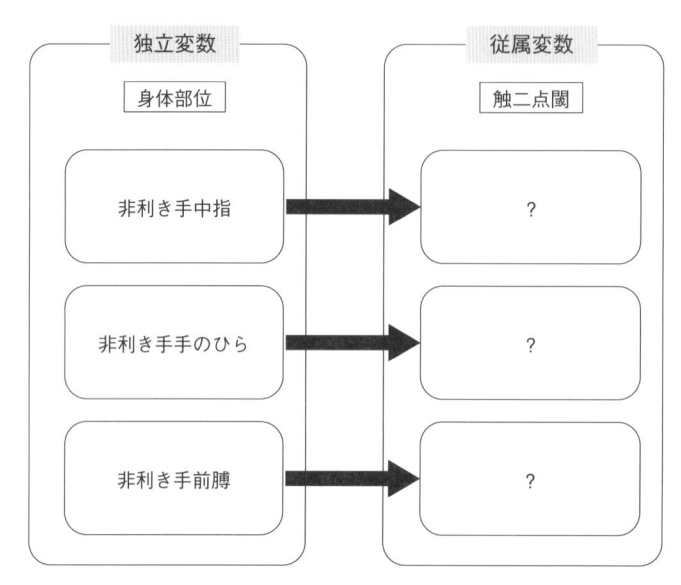

図5.1　独立変数と従属変数

実験器具
①スピアマン式触覚計（竹井機器工業製，図5.2）
②ストップウォッチ
③記録用紙（練習試行用と本試行用。本章末に添付）
④筆記用具（水性ボールペンなど）
⑤定規

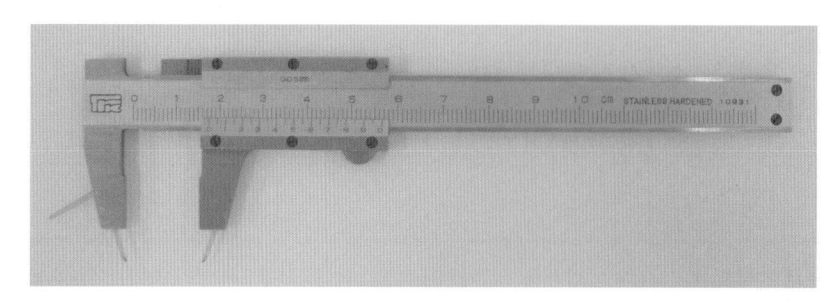

図5.2　スピアマン式触覚計（竹井機器工業製）

実験手続き

【練習試行】

①実験者は，被験者と向かい合わせになるように席に着く。
②計測する部位に印をつける。
　(1) 実験者は被験者に，非利き手の手のひらを上に向けて出すように指示をする。
　(2) ボールペンで被験者の<u>小指第2関節中央</u>に中点を打ち，その前後に指方向に直線を引く（図5.3参照）。

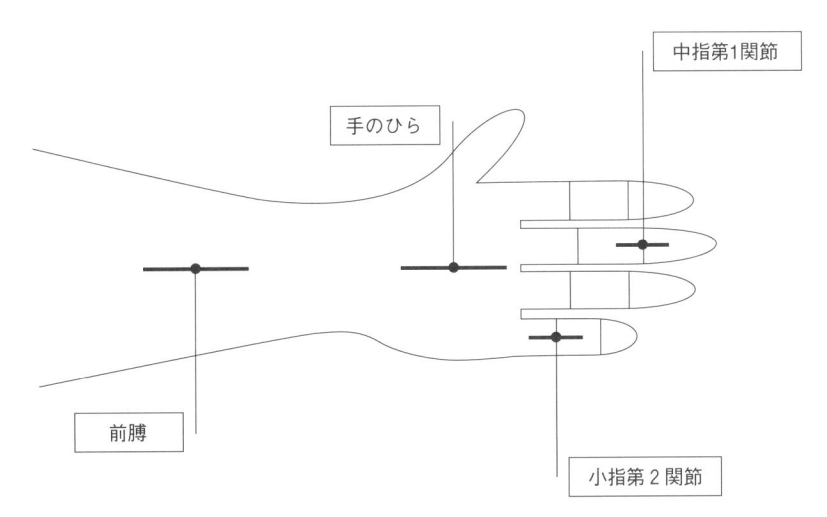

図5.3　測定部位の目印

③実験者は，以下の教示を行う。
　「それでは実験を始めます。今から刺激を与えます。ここでお願いしたいことは，与えられた刺激が何点の刺激であったかを答えていただくことです。与えられた刺激が2点であると感じた場合は『2』，1点であると感じた場合は『1』と答えてください。もしも，明確な点と感じることなく，与えられた刺激が幅の広い点や線であったなど，2点であったのか1点であったのかよくわからなかった場合は『どちらでもない』と答えてください。なお，報告が終わるごとに刺激を与えた部分を手でなでますが，先の感覚を消すために行うものなので気にしないでください。また，実験中は必ず目を閉じていてください。まず，練習から行います。」
④練習試行を開始する。
　(1) 実験者が行うこと
　　(a) 被験者に目を閉じさせる。
　　(b) 「用意」という予告後，刺激を与える。
　　　注1：刺激を与える際には，現在触覚計の目盛りが何mmであるかを被験者に知られないように気をつける。
　　　注2：触覚計は，中点が触覚計の幅のほぼ中央になるようにあてる（図5.4参照）。
　　　注3：練習では，触覚計の2点間の距離が0mmから始める。
　　(c) 刺激を与える時間は2秒間とする（ストップウォッチで計測する）。
　　(d) 触覚計をはずしたら，被験者にすぐに判断を求める。
　　(e) 記録者は被験者の報告を記録用紙（本章末に添付）に記録する（図5.5参照）。
　　「2点」という報告であれば「2」

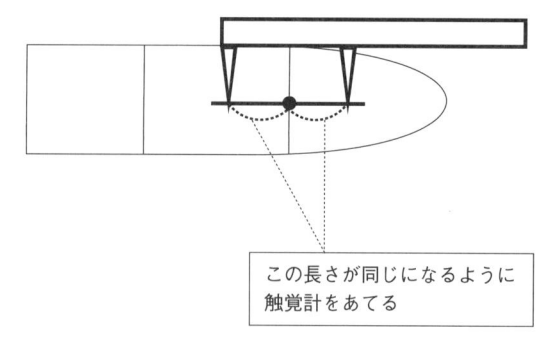

図5.4　触覚計のあてかた

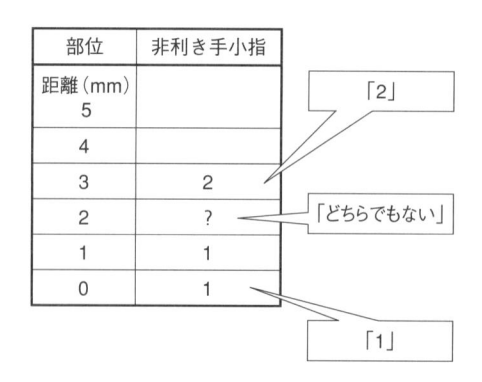

この長さが同じになるように触覚計をあてる

部位	非利き手小指
距離(mm)	
5	
4	
3	2
2	?
1	1
0	1

「2」
「どちらでもない」
「1」

図5.5　記録方法

「1点」という報告であれば「1」

「どちらでもない」という報告であれば「？」

(f) 実験者は，先の刺激の残留感覚を除くために測定部位を軽くなでる。

(g) 次の測定に移るまで，最低5秒の間隔をあける（ストップウォッチで測定する）。

(h) 触覚計の幅を1mm広げ，被験者の回答が「2」となるまで (a)〜(g) を繰り返す。
※「どちらでもない」で測定を中止しない。

(2) 実験者が注意すること

(a) 触覚計の2点が同時かつ垂直に被験者の皮膚に触れるようにする。

(b) 刺激の強さが毎回同じになるようにする。
※これら2つのことが守られない場合，正確な触二点閾を測定することができないため，触覚計は慎重に扱うこと。

⑤練習終了後，被験者が手続きについて理解していることを確認し，本試行へ進む。

【本試行】

①計測する部位に印をつける。

(1) 実験者は被験者に，非利き手の手のひらを上に向けて出すように指示をする。

(2) ボールペンで被験者の非利き手中指，非利き手のひら，非利き手前腕に中点を打ち，その前後に指方向に直線を引く（図5.3参照）。

◆非利き手中指…手のひら側第1関節上中央に中点を打ち，そこから指方向前後に直線を引く

◆非利き手手のひら…手のひらのほぼ中央に中点を打ち，中点前後に約5cmの線分を引く

◆非利き手前膊…手首とひじのほぼ中央部に中点を打ち，中点前後に約5cmの線分を引く
②実験者は，以下の教示を行う。
　　「それではここから本番に入ります。与えられた刺激が何点の刺激であったかを練習と同じ要領で答えてください」
③実験開始：本試行
　(1) 試行は　非利き手中指　→　非利き手手のひら　→　非利き手前膊　の順序で行う。
　(2) 各部位について，「下降系列」→「上昇系列」の順序で2系列の試行を繰り返す。
　(3) 実験者が行うこと
　　練習試行の手続き (a)～(g) と同じである。ただし，触覚計の操作は「上昇系列」・「下降系列」で異なる。
　　◆下降系列の場合
　　　被験者が明らかに2点とわかる間隔から1mmずつ間隔を縮めて測定していく。被験者が「1」という回答を述べたところで測定を終了する。
　　◆上昇系列の場合
　　　被験者が明らかに1点とわかる間隔から1mmずつ間隔を広げて測定していく。被験者が「2」という回答を述べたところで測定を終了する。
　　注：いずれの系列も「どちらでもない」で測定を中止しない
④各系列の開始点
　　表5.1には各系列の開始点の目安を示す。これらの値を目安に開始点を決め測定を始める。

表5.1　測定開始距離の目安

	下降系列	上昇系列
非利き手中指	20mm	0mm
非利き手手のひら	30mm	0mm
非利き手前膊	50mm	20mm

⑤実験終了
　　全試行終了後，実験者は被験者に対して実験終了を告げる。

結果の整理 （図5.6参照）

①上弁別閾を算出する
　　「どちらでもない」の判断から「2」の判断へ移行するときの距離を求める（例：$(19 + 20)/2 = 19.5$）。
②下弁別閾を算出する
　　「どちらでもない」の判断から「1」の判断へ移行するときの距離を求める（例：$(18 + 17)/2 = 17.5$）。
③触二点閾を算出する
　　上弁別閾と下弁別閾の平均値を算出する。この値が触二点閾となる（例：$(19.5 + 17.5)/2 = 18.5$）。

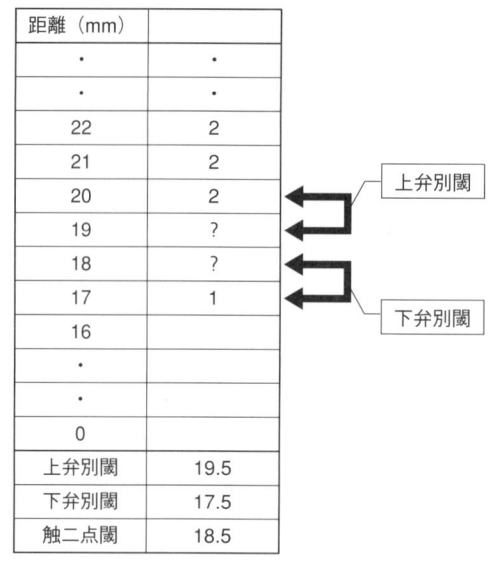

距離（mm）	
・	・
・	・
22	2
21	2
20	2
19	?
18	?
17	1
16	
・	
・	
0	
上弁別閾	19.5
下弁別閾	17.5
触二点閾	18.5

（20の行→上弁別閾、19・18の行→矢印、17の行→下弁別閾）

図5.6　結果の整理の仕方

考　察

①中指・手のひら・前膊の各部位で触二点閾に差が認められたかを確認する。
②本実験結果および先行研究（図5.7）を参考に，身体各部位の触二点閾の違いにはどのような法則があるかを検討する。
③上昇系列と下降系列で触二点閾に差が認められたかを確認する。
④この実験の問題点を挙げる。

考察のヒント

①中指・手のひら・前膊の各部位で触二点閾に差が認められたかを確認する。
　［ヒント］
　　3部位の触二点閾を比較し，触二点閾の値はどの部位が最も小さいあるいは大きいのかを検討する。さらに，触二点閾の値が小さいあるいは大きいということはその部位の触感覚の感度が高いのかあるいは低いのかについても考える。
②本実験結果および先行研究（図5.7）を参考に，身体各部位の触二点閾の違いにはどのような法則があるかを検討する。
　［ヒント］
　　中指・手のひら・前膊は身体の中心からどれくらい離れているだろうか。身体中心部に近い部位と遠い部位では触二点閾は異なるだろうか。さらに，図5.7から身体各部位と触二点閾の関係を検討し，そのことを本実験で得られた結果と比較する。
③上昇系列と下降系列で触二点閾に差が認められたかを確認する。
　［ヒント］
　　上昇系列と下降系列で触二点閾に差があったのならば，その差は何に起因するものであるかを検討する。順序効果やキャリーオーバー効果が2系列の触二点閾に影響したとすれば，系列の試行順序をどのように変えたらよいかを考える。

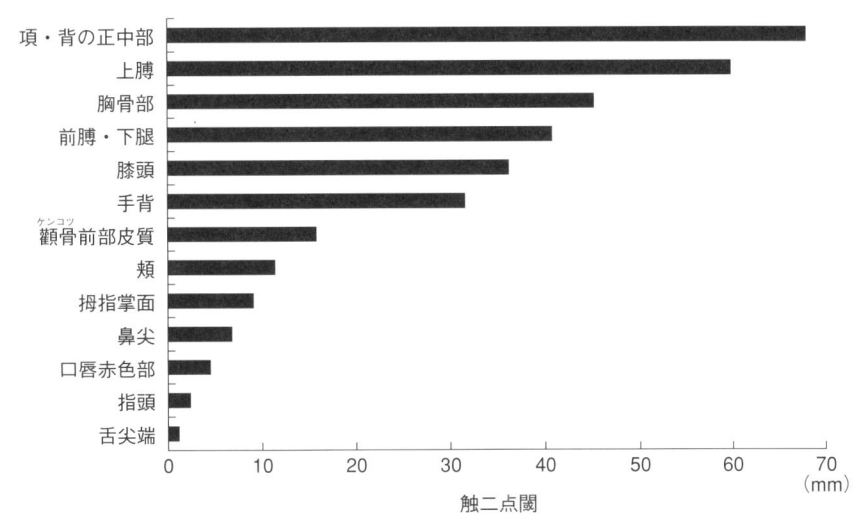

図5.7　身体各部位の触二点閾（高木・城戸,1953に記載されたWeberのデータをもとに作成）

④この実験の問題点を挙げる。
　［ヒント］
　　この実験に問題点があるとするならば，その問題点が何であるかを考える。

参考資料：精神物理学的測定法（極限法）について

　今回の触二点閾の実験では，触覚計の目盛りを上昇系列では被験者が明らかに1点と感ずる値から1mmずつ2点間の距離を広げていき，下降系列では被験者が明らかに2点と感ずる値から1mmずつ2点間の距離を縮めた。そして，1mm変化させるごとに被験者に対して反応を求めた。これは精神物理学的測定法の1つである極限法という測定方法である。
　利島・生和（1993）は極限法の特徴として以下の3点を挙げている。
　①刺激は実験者が一方向に段階的に変化させる。
　②刺激の変化のさせ方として，上昇系列と下降系列の両方が用いられる。
　③被験者は，個々の刺激に対して所定の反応を行う。

文　献
高木貞二・城戸幡太郎(監修)　(1953)．実験心理学提要Ⅲ　岩波書店
利島　保・生和秀敏　(1993)．心理学のための実験マニュアル―入門から基礎・発展へ―　北大路書房
山口　創　(2006)．皮膚感覚の不思議―「皮膚」と「心」の身体心理学―　講談社

第5章の実験用記録用紙（練習試行用）

実験実施日　　　　月　　　　日

被験者：番号　　　　　　　　　　　　　　氏名

　　　　年齢　　　　　　　　　　　　　　性別

実験者：番号　　　　　　　　　　　　　　氏名

記録者：番号　　　　　　　　　　　　　　氏名

部位	非利き手小指
距離（mm）	
5	
4	
3	
2	
1	
0	

第5章の実験用記録用紙（本試行用）

部位	非利き手中指		非利き手手のひら		非利き手前腕		部位
系列	下降	上昇	下降	上昇	下降	上昇	系列
距離（mm）							距離（mm）
55							55
54							54
53							53
52							52
51							51
50							50
49							49
48							48
47							47
46							46
45							45
44							44
43							43
42							42
41							41
40							40
39							39
38							38
37							37
36							36
35							35
34							34
33							33
32							32
31							31
30							30
29							29
28							28
27							27
26							26
25							25
24							24
23							23
22							22
21							21
20							20
19							19
18							18
17							17
16							16
15							15
14							14
13							13
12							12
11							11
10							10
9							9
8							8
7							7
6							6
5							5
4							4
3							3
2							2
1							1
0							0
上弁別閾							上弁別閾
下弁別閾							下弁別閾
触二点閾							触二点閾

2　知覚心理学実験事例の紹介2
（知覚と注意—特徴統合理論—）

　家の窓から走っている車を見る。そのとき私たちは，その色，形，運動などさまざまな次元の情報を検出し，「車」という物体を認知する。このように別々の情報から多次元的で意味のある全体像を知覚するには注意（attention）が必要であり，その注意の役割とはさまざまな情報を"結び付ける"ことであるとされる。この考えを特徴統合理論（feature-integration theory）といい，アン・トリーズマン（Anne Treisman）によって提唱された。

　Treisman（1986）は図1のように，赤と青のOとVで構成されたテクスチャー（肌理）が分離する境界を検出する実験を紹介している。たとえば，（a）の場合，OとVはその形の類似性によってまとまって見え，OグループとVグループのあいだに縦の境界を，（b）は色によるグループのまとまりで知覚され，横の境界を知覚することができる。このような形あるいは色といった単一の視覚特徴によるテクスチャー境界はポップアウト（pop out）し，素早く検知される。一方，（c）では青のOと赤のVグループと，赤のOと青のVグループ，といった色と形の2つの特徴が結合した場合のテクスチャー境界の知覚は困難となる。トリーズマンはこの実験結果に対して，視覚情報処理には2段階あり，色や形といった個々の特徴のみを処理する場合は，最初の段階である自動的で注意が関与しない前注意過程（pre-attentive process）で知覚できるが，複数の特徴を統合して処理する場合には集中的注意（focal attention）が働く次の処理段階で知覚されるとした。

　またこのような注意が個々の特徴を結合させる役割を果たすことを示す事象として，結合錯誤（illusory conjunction）の実験も報告している。図2のように色つきの文字（青のX，緑のT，赤のO）とその横に数字を200ミリ秒間提示し，実験参加者の注意を分散させるために，まずは数字を，その後で色つきの文字を答えさせた。すると，実験参加者は色と文字の特徴を誤って結合させ，たとえば赤のX，緑のO，青のTと報告した。すなわち注意が働きにくい状況では，個々の情報を結びつけることが困難であることを示しており，特徴統合理論に合致した結果であるといえよう。

〈梅林　薫〉

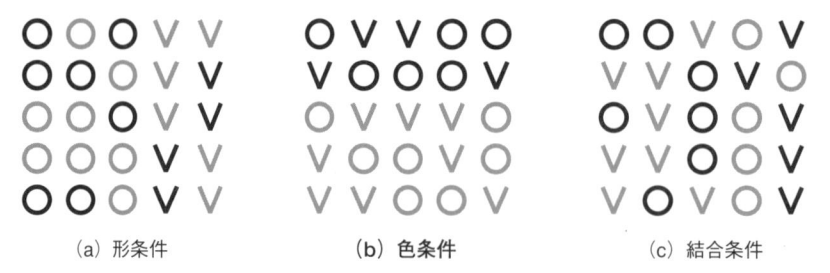

(a)　形条件　　　(b)　色条件　　　(c)　結合条件

図1　テクスチャー分離（Treisman, 1986）
（青は黒色，赤は灰色で示している）

6　X　T　◎　7

図2　結合錯誤（Treisman, 1986）
（Xは青，Tは緑，Oは赤とする）

文献
Treisman, A. (1986). Features and objects in visual processing. *Scientific American*, **255**, 106-115.

6 実験レポートの書き方

レポートを書く目的

あなたは何のためにレポートを書くのだろう。もちろん，大学で課題としてレポートが課されている場合には，レポートを提出しないと単位がもらえない，ということもあるだろう。では，レポートは提出さえすればよいのか，というとそういうわけでもない。せっかくレポートを書くのであるから，できるだけ「良い」レポートにしたい。

レポートは自分が考え，研究したことを単にまとめることではない。自分が考え，研究したことを「誰かに伝えるため」に書くものである。伝える相手は，大学であれば他の学生であるかもしれないし，授業を担当している教員かもしれない。もしかしたらそれ以外の人の目に留まることがあるかもしれない。したがって，レポートを書くときには，常に読む人のことを頭に浮かべながら，その人が理解できるように書いてほしい。「先生ならこのレポートに書いたことをわかってくれるだろう」という甘い考えは捨てた方がよい。説明を省略したり，いいたい内容が整理できたりしていなければ，いくら大学教員であってもそれを十分に理解することは難しい。自分の考えを他者に伝えるという作業は簡単なものではない。たとえば他の学科，学部の学生や，後輩たちにも理解できるように書くことが基本である。

大学で書くレポートには，いくつかの形式がある。その中でもみなさんが実験を行った後に書くレポートは論文形式のものである。ここでは，そのような形式のレポートの書き方について説明したい。

レポートの流れ

論文形式のレポートには，ある決まった「流れ」がある。それは，「タイトル→問題→目的→方法→結果→考察→文献」という流れである。

タイトル

研究内容を適切に反映した題目を書く。レポートの表紙をつけるかどうかは担当教員の指示にしたがってほしい。レポートを提出する**年月日**，自分の**氏名**や**所属**（学籍番号など）も忘れずに記入しておくこと。

問　題

研究を始めるきっかけや，これまでの研究の問題点，問題意識を整理して書く。心理学の多くの論文の場合，最初は身近な現象・話題から始まり，次第にそれらを専門用語で記述していく。これまでに行われた先行研究を引用しながら，今回の研究の意義を述べていく。仮説および仮説に至る論理展開は問題部分の最後のあたりで述べるようにする。

目 的

　研究の目的を明確に述べる。問題部分で述べられた問題意識にしたがって書くこと。

方 法

　どのような方法で研究したのかを，「追試」すなわち別の研究者が同じ実験を再現できるように整理する。ただし，たとえば実験時に述べたセリフなどをそのまま書くのではなく，適宜実験が再現できる程度に省略しながら記述していく。

結 果

　どのような結果が得られたのかを正確・客観的に記述する。あいまいな表現・主観的な表現に注意する（後の「文体・表現について」を参照）。

考 察

　結果から，あるいは結果を先行研究に照らし合わせて論理的に推測できることを記述していく。実験の問題点や，今後どのような研究の発展があり得るかなどについても記述する。

文 献

　論文中に引用した文献のみを示す。「参考文献」（レポートを書くときに読んだが引用はしていない文献）は通常示さない。

　なお，方法と文献は，どの心理学の論文でも必ず独立に記述してある。問題部分と目的部分を「問題と目的」，結果部分と考察部分を「結果と考察」というセクションとしてまとめてしまう構成をとることもある。また，「結果と考察」というセクションの後に「総合的考察」という構成をとることもある。このあたりは，実際の心理学の論文を参考にするのがよいだろう。

時制について

　論文形式のレポートを書くときには，時制に気をつけてほしい。たとえば，問題・目的・考察は「**現在形**」，方法・結果は「**過去形**」で記述する。これらを，論文に記述する順番に並べ，例文を書いてみよう。

　　問題……（現在形）○○という先行研究が行われている。△△が指摘されている。など
　　目的……（現在形）本研究では○○に焦点を当てて検討する。など
　　方法……（過去形）実験参加者は○○名であった。△△という実験器具を用いた。など
　　結果……（過去形）○○の平均値は3.54であった。分散分析を行った。など
　　考察……（現在形）この結果から，○○が示唆される。△△が理由だと考えられる。など

　全体的には上記のとおりなのだが，実際にはもう少し細かい使い分けもなされている。
　たとえば，結果部分で図表（図をFigure，表をTableという）を示す場合には「Table 1に示す」と現在形を，得られた結果を記述するときには「○○という結果が得られた」と過去形を用いて書く。
　また，考察では，「本研究の結果では○○という結果が得られた」と結果の説明をするときには過去形，「このことから，○○ということが考えられる」と結果から考えられることは現在形にするといった使い分けがなされる。

文体・表現について

　論文形式のレポートの場合，文体は「です・ます」調ではなく，**「である」調**で書く（このテキストと同じである）。このことに慣れない学生が書いたレポートの場合，「です・ます」調と「である」調が混在することがあるので注意してほしい。

　また，論文形式のレポートでは箇条書きをしないように気をつけよう。本文中に「第1に……，第2に……」「(1)……，(2)……」などと並べて書く場合はあるが，改行して箇条書きのようにすることは避けた方がよい（この章では箇条書きが多用されているが，論文形式のレポートではあまり望ましくないということを覚えておこう）。箇条書きで表現したいときには罫線をつけてTable（表）としてしまうか，タイトルをつけて改行し説明を書き，1つのセクションとしてしまうのがよいだろう。

　体言止めの表現を用いることもできるだけ避けた方がよい。「これが○○理論の概要。」と体言止めをするのではなく，「これが○○理論の概要である。」と用言で終わるようにする。

　特に結果を書くときには，あいまいな表現や主観的な表現に気をつけたい。たとえば，次のような表現である。

・平均値は4.57と高かった。
・人数は50名中12名と少なかった。

→「高い」「低い」「多い」「少ない」という場合，何に対して「高い（低い）」「多い（少ない）」のかを明確にしてほしい。

・女性の参加者は50名中10名しかいなかった。
・課題を最後まで行ったのはたったの4名であった。

→「……しか」「たったの……」という表現には，研究者がそうではないことを予測していたにもかかわらず，予測が外れたニュアンスが込められている。しかし，予測があるのであれば仮説として明記すべきであるし，予測が外れたにしても客観的・冷静に記述するべきである。

数字に関して

　論文形式のレポートでは，レポート全体の数値を小数点以下2桁もしくは3桁で統一する。それ以下の数値を四捨五入する。

　　1.23456　→　1.23
　　0.58652　→　0.59
　　10.9972　→　11.00
　　11.0049　→　11.00　　など

　絶対値で1以下の範囲をとる数値（−1.00〜+1.00）については，「0.00」ではなく「.00」と1桁目の「0」を省略する（相関係数や因子負荷量，α係数，有意確率など）。1を超える値をとり得る数値については「0.00」と1桁目の「0」を省略しないで書く（平均値や標準偏差，t値やF値など）。

　また，文章中の数字は，1桁であれば全角文字「１，２，３，……」を，2桁以上であれば

半角文字「1, 2, 3, ……」を使用する。図表中の数値は半角文字を使用する。慣用句以外は漢数字を用いないようにする。たとえば「第一に……」は「第1に……」と算用数字を用いる。

図表による結果の表現

論文形式のレポートでは，表を Table，図を Figure という。
Table の場合，「Table 1　表の題名」というタイトルを，表の「上」に記入する。
Figure の場合，「Figure 1　図の題名」というタイトルを，図の「下」に記入する。
例として示した Table 1 および Figure 1 をよく見て，真似をして Table や Figure を作っていくようにしてほしい。なお，Table にはできるだけ縦の罫線を使用しない。

Table 1　表の場合，上にタイトルを記入

	男性		女性	
	平均値	標準偏差	平均値	標準偏差
実験試行				
1回目	3.76	0.99	1.45	0.56
2回目	2.87	0.87	4.33	1.22
3回目	5.33	1.23	3.87	1.02

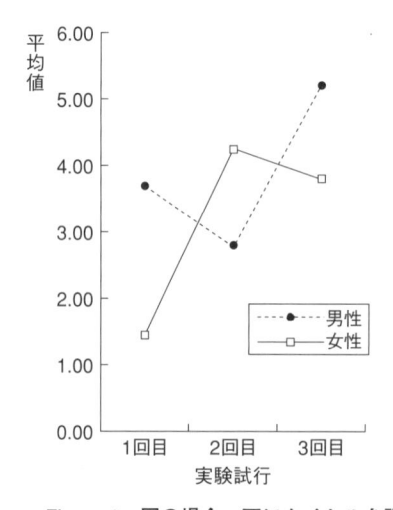

Figure 1　図の場合，下にタイトルを記入

Figure と Table は，レポートの中でそれぞれ順に通し番号を付けていく。番号を前後させたり，飛ばしたりしないように気をつけよう。「Figure」「Table」の文字と通し番号は，半角文字で書くことも忘れないようにしよう。

×　Table 1 → Table 2 → Figure 3 → Table 4 → Figure 5
○　Table 1 → Table 2 → Figure 1 → Table 3 → Figure 2

考察を書くときの注意点

考察では以下のようなことを記述する。

- 目的に沿った結果が得られたのか？
- 結果から何がわかったのか？　何がわからなかったのか？
- 先に仮説をたてている場合，仮説どおりの結果が得られたのか？
- うまくいかなかった場合，なぜうまくいかなかったのか？
- 今後の研究ではどのようなことを検討していけばよいのか？

　考察部分では，結果として明らかにされたことと，そこから推測されることをはっきりと区別して書くように注意しよう。

　特に語尾に注意して記述する。結果をまとめるときには，「結果は○○というものであった」「○○が明らかにされた」「○○が示された」などのように過去形で書く。そして結果から考えられることを書くときには，「○○と考えられる」「○○が示唆される」「○○が影響しているのであろう」などのように現在形で書く。

文献について

　文献は，「論文中に記載してある引用文献のみ」をリストにして示す。参考文献（文章中には引用していないが，研究の中で参考にした文献）を書いているレポートが見受けられるが，通常それはレポートに記載しない。

　また，レポートの本文中での引用に関しては，どこからどこまでが引用であり，どこからどこまでが自分で考えたことなのかを明確に書くことが重要である。これを守らないと他人の考えを自分のものとして発表する「剽窃」（盗用・パクリ）となり，これは罰せられる行為である。

本文中の引用

　本文中の引用の仕方にもいくつかのパターンがある。

　本文中の引用は，"著者姓（西暦年）"あるいは"（著者姓, 西暦年）"という書き方をする。著者姓が括弧にくくられていないときは西暦年を括弧にくくり，全体が括弧にくくられているときは著者姓と西暦年の間に「, （コンマ）」を入れる。

- 小塩（1999）は，○○の関連を明らかにしている。
- 先行研究では，○○について検討されている（西口, 1998; 小塩, 1996; 遠山, 2000）。
- ○○効果（Oshio & Nishiguchi, 2001）は……に応用されている。

　もし，同じ著者の同じ年の引用が複数ある場合には，西暦年の後に"a"，"b"とアルファベットを入れて区別する（もちろん，引用文献リストと一致していなければいけない）。

- 小塩（1999a）は△△について，小塩（1999b）は××について言及している。
- △△に関する言及（小塩, 1999a）や，××に関する言及（小塩, 1999b）がなされている。
- △△や××が指摘されている（小塩, 1999a, b）。

　著者が複数いる場合もある。その場合には，引用する文献に書かれた著者の順番に著者の姓を書き，その後に西暦年を書く。著者姓の間には「・（中黒）」を入れる。

- 西口・小塩・松浦（2006）は，△△について検討を行っている。

・△△の検討を行った研究がある（西口・小塩・松浦, 2006）。

　文献が和文以外の場合は以下のように，著者が2名の場合は"&"で，3名の場合は",（コンマ）"で並べて最後を"&"で結ぶようにする（","と"&"の間は半角スペースを空ける）。

・Nishiguchi & Oshio（2002）は，××の検討を行っている。
・××の検討を行った研究がある（Nishiguchi & Oshio, 2002）。
・Nishiguchi, Matsui, & Oshio（2002）は，○○の検討を行っている。
・○○の検討を行った研究がある（Nishiguchi, Matsui, & Oshio, 2002）。

　複数の論文を併記する場合（つまり，複数の"著者姓＋西暦年"が並ぶとき）には，アイウエオ順ではなくアルファベット順に並べる。論文の間は"；（セミコロン）"で結ぶ。

・（松浦, 2004; 西口, 1998; 小塩, 2001）
・（Akagawa, 1999; 松浦, 2004; 大石, 2001; Smith, 1982）

　著者数が2名までの文献の場合，引用するごとに両著者の姓を書く。しかし，3名以上の場合には，初出の際に全著者の姓を書き，2度目以降は文献が日本語であれば第1著者の姓を書き，その他の著者は「他」と略す。欧語であれば「et al.」と略す。

・1度目………西口・小塩・安藤・遠山（1998）あるいは（西口・小塩・安藤・遠山, 1998）
・2度目以降…西口他（1998）あるいは（西口他, 1998）
・1度目………Oshio, Uchida, & Ando（1999）あるいは（Oshio, Uchida, & Ando, 1999）
・2度目以降…Oshio et al.（1999）あるいは（Oshio et al., 1999）

　翻訳の図書等を引用する場合には，まず原著者名を書き，括弧の中に原著が出版された年，訳者名と翻訳された図書が出版された年を書く。括弧の中の訳者名と翻訳図書の出版年の間にはスペースを挟む。

・Campbell（2002　山口他訳　2005）は，○○と述べている。
・○○と述べる研究者もいる（Campbell, 2002　山口他訳　2005）

　インターネット上で見つけた文献に関しては，その情報に基づいて印刷された文献を探すのが望ましい。インターネット上にしか存在していない文献を引用するのはできるだけ避ける癖をつけておこう。もちろん，ホームページの内容をレポートにコピーするのは論外である。どうしても引用しなければいけない場合には，URLと資料にアクセスした日を控え，ページをプリントアウトして保存し，求めに応じて提出することができるようにしておくこと。

引用文献リストの書きかた

　レポートの最後には引用した文献のリストをつける。これをつけることで，本文中の引用がどこから得られたものなのかがわかるのである。
　最初に著者名を書き，次に"( )."でくくって発行年を書く（"( )."の前後には半角スペースを入れる）。その後に論文あるいは本のタイトルを書いていく。2行以上にわたるときには，2行目以降を全角2文字（半角4文字）分下げる（ワープロソフトのインデント機能を使用す

るとよいだろう）。

1) **日本語雑誌論文の場合**　　著者氏名　（年）．論文名　雑誌名, **巻**(ボールド体), ページ数．(←最後にピリオド)

〈例〉

小塩真司　（2002）．自己愛傾向によって青年を分類する試み―対人関係と適応，友人によるイメージ評定からみた特徴―　教育心理学研究, **50**, 261-270.

小塩真司・桐山雅子・願興寺礼子　（2006）．大学新入生における悩みの有無および悩み内容の入学年度による変化　学生相談研究, **27**, 138-148.

2) **外国語雑誌論文の場合**　　著者ラストネーム, ファーストネーム．（年）．論文名　雑誌名（イタリックで）, **巻**(ボールド体で), ページ数．(←最後にピリオド)

〈例〉

Oshio, A., Kaneko, H., Nagamine, S., & Nakaya, M. （2003）. Construct validity of the Adolescent Resilience Scale. *Psychological Reports*, **93**, 1217-1222.

3) **単著や共著の本の場合**　　著者名　（年）．本の題名　出版社名．(海外文献の場合，本の題名はイタリック体にし，出版社名の前に都市名を書く)

〈例〉

Ekman, P., & Friesen, W. V. （1975）. *Unmasking the Face*. Englewood Cliffs: Prentice-Hall.

小塩真司　（2004）．自己愛の青年心理学　ナカニシヤ出版

4) **編集された本の一部の場合**　　著者名　（年）．章の題名　編集者名　本の題名　出版社名　pp.ページ数．

〈例〉

Kumpfer, K. L. （1999）. Factors and processes contributing to resilience: The resilience framework. In M. D. Glantz, & J. L. Johnson (Eds.), *Resilience and development: Positive life adaptations*. New York: Plenum Publishers. pp.179-224.

小塩真司　（2005）．自己愛人格の構造と適応過程　梶田叡一（編）　自己意識研究の現在2　ナカニシヤ出版　pp.101-118.

　引用文献もアイウエオ順ではなくアルファベット順に並べる。同じ年に同一著者が複数の研究をしている場合，本文中に対応するように，2000aや2000bと，年の後にアルファベットをつける。

その他の注意点

　レポートは左上をホチキス止めして提出しよう。ホチキスで止めずに折ってあるだけのレポートを見かけることがあるが，それではページが紛失して評価が「不可」となっても文句は言えないだろう。

　また，どうしても手書きでレポートを作成するときには，鉛筆ではなくボールペンなど簡単に消えないもので書くようにしよう。あるいは日付を記入しコピーをとり，原稿は手元に残し，

コピーしたものを提出するのがよい。これは,「文章を変えた」「変えない」,「書いた」「書いていない」,「提出した」「提出していない」といったトラブルに伴う無用な確認作業を避けるためである。

　表紙をつけることを求められている場合には表紙に,そうでない場合には1ページ目の上部にレポートのタイトル,学部学科名と学籍番号,氏名,レポート提出の日付を明記すること。レポートの副題（サブタイトル）をつける場合には,主題（メインタイトル）を書いた後に改行し,"―"で挟み,少し小さめのフォントで書く。

　引用文献のみならず論文形式のレポートを書くときには,心理学の研究雑誌（心理学研究,教育心理学研究など）を参考にしたり,日本心理学会（http://www.psych.or.jp/）が発行している『執筆・投稿の手びき（2005年改訂版）』（日本心理学会機関誌等編集委員会, 2005）を参照するとよい。

　レポートを書く作業は,最初は慣れないと思うが,繰り返し何度も書くことによって身についていくものである。何度も書いて慣れていこう。

文　献

日本心理学会機関誌等編集委員会　（2005）．執筆・投稿の手びき（2005年改訂版）　日本心理学会

7
実験1：自由再生の実施

はじめに

　人間の記憶に関する研究分野は，実験を通じて発展してきた心理学の代表的な分野として挙げることができる。記憶に関するさまざまな現象について説明する考え方は，これまで多様なものが提出されてきたものの，記憶のプロセスを概括的にとらえた場合，次の3つの段階に分けて理解されてきたといってよい。環境からの情報を人間が取り込めるかたちに変換する符号化（記銘），符号化された情報を維持する貯蔵（保持），貯蔵された情報を引き出す検索（想起）である。

　このうち検索については，かつて取り込まれた情報をそのまま思い出す再生と，そうした情報と新たに直面した情報とが同一であることを確認する再認に大別することができる。たとえば，「日本で最も大きな湖の名前は何か？」という問いかけに対して，自らの記憶をたよりに答えることができた場合は，正しく再生がされたことを意味する。他方，「日本で最も長い川の名前は次の4つのうちのどれか？　①最上川　②石狩川　③利根川　④信濃川」という問いかけに，かつての自らの記憶を手がかりに答えることができた場合は，正しく再認されたことを意味する。

　さて，記憶に関する心理学の実験には，被験者に対して，複数の単語のリストなどの情報を継時的に提示した後で，提示された順序（これを系列位置とよぶ）にとらわれずに情報の再生を自由に求めるという手続きをとる実験がある。これは，自由再生実験とよばれる。これまで行われてきた自由再生の実験からは，継時的に提示された情報のうち，被験者はいつ提示された情報を再生しやすいか，あるいはリストの提示後に時間を空けて再生した場合と，提示直後に再生した場合とでは，再生のあり方にいかなる違いが生じるかについて，興味深い報告がされてきた。今回の実験では，こうしたことがらについて，実験を通じてみなさんにも理解してもらうことにしたい。

目　的

　本研究では，10個のカタカナ2文字の無意味つづり（「ヌセ」「ルチ」など，一般的には意味をもつ単語として通用していないつづり）の自由再生に関する実験を行う。その際，被験者に対して，これらの無意味つづりの提示直後に自由再生を求める場合と，提示後に暗算課題の挿入により遅延時間を設けた後で自由再生を求める場合とでは，再生のあり方にいかなる違いがみられるかを比較する。そしてこの実験結果を通じて，人間の記憶のメカニズムの特徴について考えることを目的とする。

方　法

実験計画
1要因2水準の被験者内要因による計画（図7.1）。
独立変数…暗算課題の有無（暗算課題あり／暗算課題なし）
従属変数…正再生数，系列位置ごとにおける再生のされやすさ
　　　　　（つまり，2つの従属変数を扱う。）

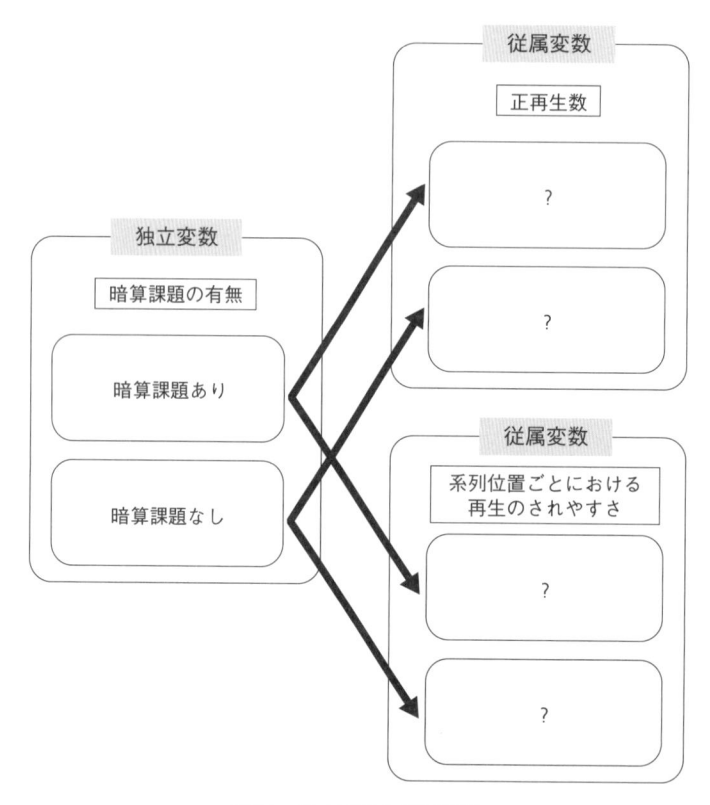

図7.1　独立変数と従属変数

実験器具
①パーソナルコンピューター
②Microsoft PowerPoint2002/2003（課題提示用ソフトとして利用）
　実験前に，カタカナ2文字の無意味つづりを示したスライド10枚，暗算課題用スライド（2桁の数字を提示）10枚，ならびに教示文などのスライドからなるPowerPointのファイルを作成しておく。
　PowerPointファイルについては，暗算課題の有無別はもちろん，被験者の数に応じて，無意味つづりの内容の異なる複数のファイルを用意しておくとよい。本書では，暗算課題なし条件に10種類のファイル，これらのファイルに暗算課題を加えた暗算課題あり条件10種類の計20種類のファイルを，それぞれ「なしNo.1」〜「なしNo.10」，「ありNo.1」〜「ありNo.10」として用意し，10人グループで行う実験として，以下の手続きの説明を行うことにしたい。なおファイルの作成については，第8章の参考資料1, 2 (p.61)を参照されたい。

③ストップウォッチ
④筆記具
⑤個人用記録用紙（暗算課題あり条件となし条件の2枚1セット。本章末に添付）
⑥グループ集計用紙（暗算課題あり条件となし条件の2枚1セット。本章末に添付）

実験手続き

①グループの各メンバーに対して，ID番号（10人グループの場合，ID1～ID10）を決めておく。この際，(1)順序効果（p.23参照）を排除すること，(2)暗算課題あり条件およびなし条件の無意味つづりの内容を均質にすること，(3)実験者として関わった課題を被験者の際に取り組むことがないようにすることの3点に留意して，実験者ならびに被験者の実施順序，さらに各被験者が実施する課題を決める。10人グループで実験を行う場合は，表7.1のとおりにするとよい。

表7.1 自由再生の実験の実施順序（10人グループの場合）

実施順序	被験者（ID）	暗算課題の有無	課題No.	実験者（ID）
1	ID1	あり	No.1	ID10
2	ID2	なし	No.3	ID1
3	ID3	あり	No.2	ID2
4	ID4	なし	No.4	ID3
5	ID5	あり	No.3	ID4
6	ID6	なし	No.5	ID5
7	ID7	あり	No.4	ID6
8	ID8	なし	No.6	ID7
9	ID9	あり	No.5	ID8
10	ID10	なし	No.7	ID9
11	ID1	なし	No.8	ID10
12	ID2	あり	No.6	ID1
13	ID3	なし	No.9	ID2
14	ID4	あり	No.7	ID3
15	ID5	なし	No.10	ID4
16	ID6	あり	No.8	ID5
17	ID7	なし	No.1	ID6
18	ID8	あり	No.9	ID7
19	ID9	なし	No.2	ID8
20	ID10	あり	No.10	ID9

②実験者は，パソコンの前に被験者を着座させる。

③実験者は，被験者の手元に個人用記録用紙（本章末に添付）と筆記具を置く。そして記録用紙に実験実施日や被験者，実験者のプロフィール，課題No.の記録を求める。

④実験者は，次のように教示する。「これからパソコンの画面上に，『ヌセ』『ルチ』『ホナ』など，2文字からなるカタカナのつづりが10個出てきます。ただし一斉に出てくるのではなく，最初のつづりが1秒間提示され，1秒間の空白のあと，次のつづりが1秒間提示されるといったかたちで出てきます。画面に出てくる10個のつづりについては，何が出てきたかを後で報告してもらいます。そのため，できるだけよく覚えてください。」

⑤さらに，暗算課題あり条件を行う際には，④のあとに，以下の教示を続ける。「また，あなたが今から実施する課題は，10個のカタカナのつづりが出現した直後に，『43』『81』『38』などの10個の2桁の数字が，それぞれ1秒間の提示で連続して出てきます。数字が出てきたら，その数字から3を引いた数を，口に出して答えてください。」

⑥暗算課題なし条件では④，暗算課題あり条件では⑤の後に，次の教示を続ける。「その後で，覚えたカタカナ2文字のつづりを1分間の時間内で報告してもらうことになります。そのと

きに，目の前の個人用記録用紙の上の段の空欄から，あなたが思い出した順番で，カタカナのつづりを書き出してください。」
⑦実験者は，被験者が手続きについて理解したことを確認したら，被験者のIDと課題No.に合ったPowerPointのファイルを，パソコンの画面上に開く。メニューバーの「スライドショー」から「実行」を選ぶと課題提示の準備状態にはいる（実験試行の前に，④⑤⑥と同様な教示がパソコン画面上に表れるように，PowerPointのスライドを作っておくとよい。その場合，実験の内容を，被験者にあらためてパソコンの画面上で確認するよう指示する）。被験者の様子を確かめたうえで，実験を開始する。
⑧暗算課題なし条件では，10個のカタカナの無意味つづりの提示後に，暗算課題あり条件では，加えて10個の2桁の数字の提示後に，実験者は「覚えたつづりを書き出してください」と被験者に伝えて，同時にストップウォッチで1分間の計測を開始する。1分が経過したら「終了です」と言う。
⑨①～⑧の手続きがひととおり終われば，被験者は，次の実験者となり，以後，表7.1の順序にしたがって，実験を続けていく。

結果の整理

暗算課題あり条件と暗算課題なし条件のそれぞれの条件ごとに，以下の内容について整理する。用紙については，本章末に添付のグループ集計用紙を活用するとよい。
①被験者全員の「正再生数」の平均値を算出する。
②系列位置ごとにおける再生のされやすさを理解するためとして，系列位置ごとに，「正再生」の回答がみられた被験者の人数（正再生者数）を算出する。ならびに，どの系列位置の無意味つづりが，より早い段階で被験者に「正再生」がされていたかについても確認する。

第7章の実験用記録用紙（個人用記録用紙 ①）

暗算課題あり条件

実験実施日　　　　　　月　　　　日

被験者	年齢		性別	
	ID		氏名	
実験者	ID		氏名	

課題No.

再生順序 （a）	再生した文字 （思い出した順番に，上の段から記入していく。）	無意味つづりの系列位置（b） ＊実験後の答えの確認時に1～10の数字を記入
例	例：○　○　←再生した文字を記入　　注：記入されたつづりが誤ったものだったならば，×を記入	例〔　3　〕
1		〔　　〕
2		〔　　〕
3		〔　　〕
4		〔　　〕
5		〔　　〕
6		〔　　〕
7		〔　　〕
8		〔　　〕
9		〔　　〕
10		〔　　〕

第7章の実験用記録用紙（個人用記録用紙 ②）

暗算課題なし条件

実験実施日　　　　月　　　　日

被験者	年齢	性別
	ID	氏名
実験者	ID	氏名

課題No.　　　　　　

再生順序 （a）	再生した文字 （思い出した順番に，上の段から記入していく。）	無意味つづりの系列位置（b） ＊実験後の答えの確認時に1～10の数字を記入
例	例：○　○　　再生した文字を記入　　注：記入されたつづりが誤ったものだったならば，×を記入	例〔　3　〕
1		〔　　　〕
2		〔　　　〕
3		〔　　　〕
4		〔　　　〕
5		〔　　　〕
6		〔　　　〕
7		〔　　　〕
8		〔　　　〕
9		〔　　　〕
10		〔　　　〕

第7章の実験用記録用紙（グループ集計用紙　①）

暗算課題あり条件

		無意味つづりの系列位置 (b)											正再生数
		例	〔1〕	〔2〕	〔3〕	〔4〕	〔5〕	〔6〕	〔7〕	〔8〕	〔9〕	〔10〕	
再生された順序(a)	例 被験者ID　11		3		4					6		1	→ 4
			「正再生数」の欄には、「数字が記載された欄」の合計（例では4）を記入する										
	被験者ID												
	被験者ID		1										
	被験者ID		2										
	被験者ID												
	被験者ID		3										
	被験者ID												
	被験者ID												
	被験者ID		1										
	被験者ID												
	被験者ID		4										
各系列位置における正再生者数（各列において「数字が記載された欄」の合計）		5											
どの系列位置の無意味つづりが早い段階で再生されたかを理解するための指標（その①）＝「1」が記載された欄の総数		2											正再生数の平均値＝（正再生数の総和）÷被験者数 ⇩下に記入
どの系列位置の無意味つづりが早い段階で再生されたかを理解するための指標(その②)＝（11－「記載されている数字」）の総和（＊数値が記載されていない欄については便宜的に11が記載されているとみなす）		44											

暗算課題なし条件

第7章の実験用記録用紙（グループ集計用紙 ②）

		無意味つづりの系列位置（b）											正再生数
		例	〔1〕	〔2〕	〔3〕	〔4〕	〔5〕	〔6〕	〔7〕	〔8〕	〔9〕	〔10〕	
再生された順序（a）	例 被験者ID　11		3		4					6		1	→ 4
		「正再生数」の欄には、「数字が記載された欄」の合計（例では4）を記入する											
	被験者ID												
	被験者ID		1										
	被験者ID		1										
	被験者ID												
	被験者ID		1										
	被験者ID												
	被験者ID		7										
	被験者ID												
	被験者ID												
	被験者ID												
各系列位置における正再生者数（各列において「数字が記載された欄」の合計）		4											
どの系列位置の無意味つづりが早い段階で再生されたかを理解するための指標（その①）＝「1」が記載された欄の総数		3											正再生数の平均値＝（正再生数の総和）÷被験者数　⇩下に記入
どの系列位置の無意味つづりが早い段階で再生されたかを理解するための指標（その②）＝（11－「記載されている数字」）の総和（*数値が記載されていない欄については便宜的に11が記載されているとみなす）		34											

3 学習心理学実験事例の紹介
(「書いて覚える」方法の効果)

　親や学校，塾の先生などに，「書いて覚えなさい」と言われた経験は誰しもあるのではないだろうか。幼い頃から，ひらがなや漢字の書き方ドリルなどにふれてきた私たちにとっては，書いて覚えるという学習のスタイルは当たり前のものとして受け取られている。では，本当に書くとよく覚えられるのだろうか？

　この一見素朴な問いに対して，仲ら（1995, 1997）は詳細に検討を行っている。まず，仲らはアメリカ人に，フランス語やイタリア語といった，彼らにとっての外国語を覚えるときにどのような学習方法をとっているのかについてたずねた。すると意外にも，「見て覚える」「声に出して言う」と答える人が多く，「書いて覚える」という人はいなかった。つまり，私たち日本人が当たり前のように利用している「書いて覚える」という学習スタイルは，それほど普遍的な方法ではないようなのである。さらに，アメリカ人は書いて覚えることが少ないというのならば，彼らにとっては書いても効果は上がらないという可能性が考えられ，書くことによってよく覚えられる，という学習方法の効果のほども疑問の余地があるわけである。

　そこで，このような疑問にこたえるために，仲らは日本人とアメリカ人の大学生を対象に，次のような実験を行った。実験では，文化的な背景の違いを考慮して，両者にとってあまり馴染みのない10種類の幾何学的な図形が学習材料として用いられた（図1参照）。そして，その中の5つの図形については5回ずつ書き，残りの5つの図形は5回ずつ見て○で囲むように求めた。その後，それらの図形をどれくらい思い出せるかを自由再生によってテストした（ところで，この実験のデザインはどうなっているだろうか。少し考えてみてほしい）。

　その結果，図2に示されるように，アメリカ人も日本人も，見て覚えるよりも書いて覚える方が図

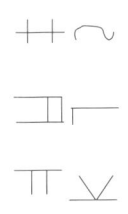

図1　課題で用いた幾何学図形の例

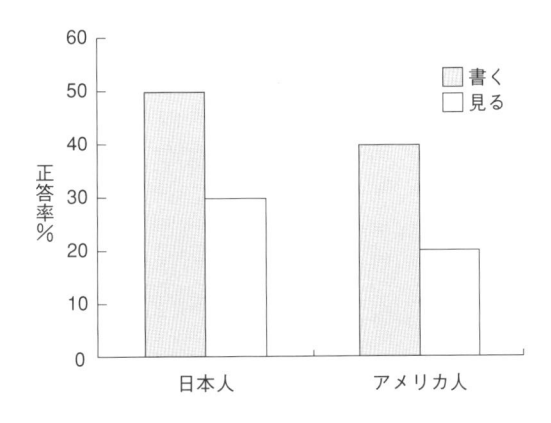

図2　図形の記憶——日本人とアメリカ人の比較 （仲, 1997より）

形の学習成績が高くなっていた。つまり，新奇なものを学習する際には，書いて覚えるという方法が普遍的な効果を有していると考えられるのである。

　本コラムで紹介した実験デザインは，仲ら（1995）の一部を改変したものである。独立変数は，人種（日本人とアメリカ人の2水準）と学習方法（書く条件と見る条件の2水準）の2要因である。従属変数は，学習成績，すなわち記憶した図形の再生数（思い出すことができた数）である。そして，人種については被験者間要因計画であるが，学習方法については，同じ被験者が「書く」条件と「見る」条件の両方に取り組む，被験者内要因計画となっており，被験者間・内混合2要因計画となっている。

（横地早和子）

文　献

仲　真紀子　（1997）．記憶の方法―書くとよく覚えられるか？　遺伝, **51**, 25-29.
Naka, M., & Naoi, H. （1995）．The effect of repeated writing on memory. *Memory & Cognition*, **23**, 201-212.

8

実験1レポートの手引き

自由再生の解説

初頭効果と新近性効果

　自由再生実験の結果について，各系列位置における被験者の正再生率（全被験者のうち，正再生をした被験者の割合）を縦軸に，つづりの系列位置を横軸（系列位置後方ほど右側の目盛り）にして折れ線グラフで表すと，被験者につづりのリストの提示直後に再生を求めた条件では，図8.1のようなU字型に近いかたちになることが知られている。つまり，系列位置が前方および後方で提示されたつづりにおいて，正再生率が高いという結果が現れる。図8.1のような曲線を系列位置曲線とよび，前方で正再生率が高くなる現象を初頭効果，後方で正再生率が高くなる現象を新近性効果という。

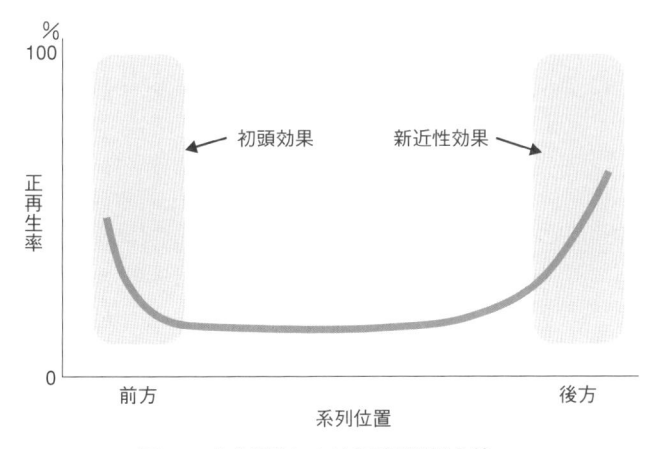

図8.1　自由再生における系列位置曲線

短期記憶と長期記憶

　人間の記憶を説明するためのモデルとして，記憶の三段階説（Atkinson & Shiffrin, 1968）というものがある。これは，人間の記憶を，感覚記憶，短期記憶，長期記憶という概念を用いて説明する点に特徴がある。それぞれは，いわば記憶の貯蔵庫と考えることができる（図8.2を参照）。この考え方では，人間の記憶のプロセスを次のように考える。まず，カタカナつづりのような外界からの刺激は，感覚記憶に保持される。感覚記憶の貯蔵能力は膨大だが，貯蔵時間は1秒前後にすぎない。感覚記憶の中で注目された情報のみが，短期記憶に送られることになる。短期記憶にある情報は，数秒～数十秒程度保持されることになるが，貯蔵能力は7 ± 2チャンクである。ここでいうチャンク（chunk）とは情報の「かたまり」を指し，短期記憶では7個前後の「まとまりのある情報」を保持できることを意味する。さらに，短期記憶に保持

されている情報は，リハーサル（記銘された刺激を内的に復唱すること。リハーサルのさらなる説明については後述する）によって，長期記憶に転送されることになる。長期記憶に転送された情報は，数分から数年，数十年にわたり保持されることになり，貯蔵能力はほとんど無制限である。

この考え方によれば，自由再生の実験において図8.1のような初頭効果，新近性効果が現れる理由は，次のように解釈される。初頭効果は，系列位置が前方のつづりが，他のカタカナの提示中に，短期記憶でリハーサルを行う機会を得て，すでに長期記憶に保持されたことから生じると解釈される。そして新近性効果は，系列位置が後方のつづりは再生を求められるまでの時間間隔が短く，短期記憶の中に残っているために生じると解釈されるのである。

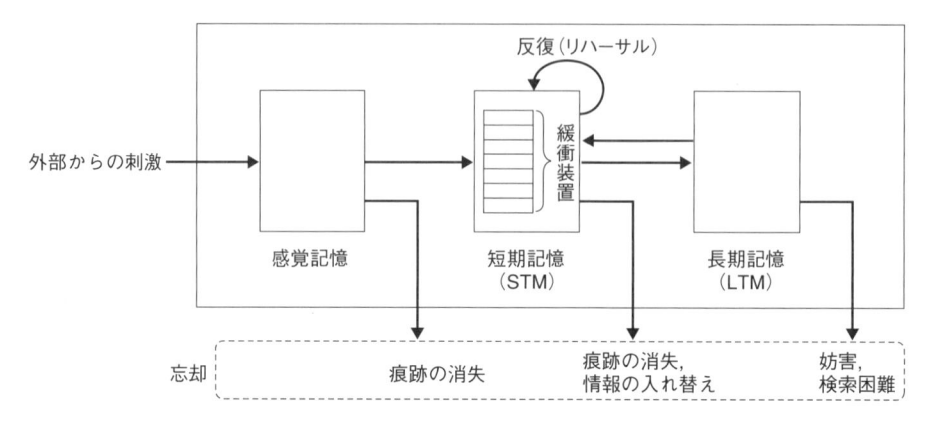

図8.2　記憶の三段階説のモデル（矢印は情報の移動を表す）

さてこのモデルを踏まえて，今回の自由再生実験の結果を前もって推測するならば，次のようになることが考えられる。系列位置が前方のカタカナについては，暗算課題あり条件，なし条件を問わず，他のカタカナの提示中に，リハーサルを行う機会を得やすい。そのため，長期記憶として保持されやすく，正再生率は高くなり，初頭効果がみられる。他方，系列位置が後方のカタカナは，実験条件によって，正再生のあり方が異なってくる。暗算課題なし条件では，系列位置が後方のカタカナの提示から，再生までの時間の間隔は短い。そのため，短期記憶として保持されている可能性が高く，正再生率が高くなる。しかし暗算課題あり条件では，系列位置が後方のカタカナ提示から再生までの時間の間隔は長くなる。そのため短期記憶から忘却されやすい。加えて，暗算への専念が求められることから，リハーサルも行われにくい。そのために長期記憶にも転送されにくい。結果として，正再生率が低下し，新近性効果がみられなくなるということである（図8.3参照）。

ただ，記憶のメカニズムを説明する考え方は，三段階説にとどまらず，種々の考え方やモデルがある。そのことについては，ぜひともみなさんに調べていただきたい。そのうえで，今回の実験結果について，他の解釈ができないかについても考えてもらいたい。

リハーサル

短期記憶の情報は，数秒から数十秒程度しか保持できないといわれており，そのままにしておくとすぐに忘却する。忘却を防ぐためには，リハーサルを行うとよいことが知られている。

リハーサルは，維持リハーサルと，精緻化リハーサルとに大別できる。維持リハーサルは，記銘された情報を機械的に繰り返すことである。そのため機械的リハーサルともいわれる。精緻化リハーサルは，記銘された情報に何らかの意味づけを行ったり（たとえば語呂合わせ），その語句から具体的なことがらをイメージしたり，あるいは体制化（相互にまとまりのない語

句を，何らかの枠組みによって組織化すること）を行いながら，与えられた情報を繰り返すことである。記憶の三段階説と関連づけて説明を加えるならば，維持リハーサルは，短期記憶に情報を保持するのに役立つとされている。一方，精緻化リハーサルは，短期記憶の情報を，長期記憶へと転送するのに役立つとされている。

さて，グループ内で，正再生数などに著しい個人差はなかっただろうか。もしも個人差が大きかったならば，リハーサルにまつわる作業のあり方に違いがなかったかについて，グループ内で確認しあうのもよいだろう。

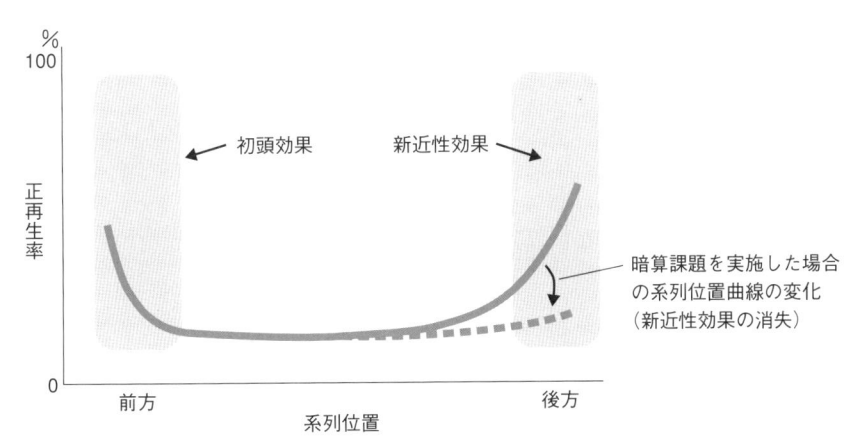

図8.3　暗算課題実施（再生を遅延させること）に伴う系列位置曲線の変化

レポートの様式

以下の要領を踏まえて，今回の結果について，レポートとしてまとめてもらうことにしたい。

タイトル
「自由再生時の遅延時間が系列位置効果に及ぼす影響」

問題および目的
《以下の記述を参考に書く》

再生とは，記銘したリスト内の項目について，そのまま思い出すことを指している。記憶研究では，被験者に対して複数の刺激を同時あるいは継時的に提示して，適当な時間経過後に記憶された刺激を提示順序にとらわれず，思い出すままに再生を求める実験がある。これを自由再生実験という。

かな文字や，英語のつづりのリストを被験者に1つずつ提示し，それを自由再生するように求めるとする。すると，つづりの系列位置（リストの何番目につづりが提示されたか）によって，再生されやすいつづりとされにくいつづりのあることが知られている（Klatzky, 1975）。さらに，リストを提示した直後に自由再生を求めるか，10秒間あるいは30秒間の別な作業をはさんだ後で自由再生を求めるかの違いによって，再生のされ方に違いの生じることが報告されている（Glanzer & Cunitz, 1966）。

本研究では，刺激としてカタカナの無意味つづりを用いて，刺激提示の直後に自由再生を求める場合と，刺激提示の後に暗算課題を行ったあとで自由再生を求める場合とでは，再生のあり方にどのような違いがみられるかについて確認することを目的とする。特に両条件での再生

の違いについて理解するにあたり，本研究では，正しく再生されたつづりの総数（以下では，正再生数と記す）ならびに，系列位置ごとにみられる再生のされやすさに着目した実験を行う。そしてこの実験結果を通じて，人間の記憶のメカニズムの特徴について考察していくことにする。

方　法

《以下の事項を踏まえて書く》
被験者：○○名（男性○○名，女性○○名，平均年齢○○.○歳）
実験計画：暗算課題の有無（暗算課題あり，暗算課題なしの2水準）を独立変数とした1要因計画（被験者内要因）であった。
実験器具：パーソナルコンピューター，Microsoft PowerPoint（カタカナ2文字の無意味つづりおよび挿入課題の2桁の数字を提示するために使用），ストップウォッチを用いた。
実験手続き：○○○《実習のプロセスを，第7章の実験手続きを確認しつつ，回想しながらまとめる。ただし箇条書きにしない。》

結　果

《結果については，以下の4点の事項に基づいて，記述例を参考にして書くとよい》
①両条件から得られた基礎データの提示
　　グループ集計用紙の結果を踏まえて表（Table）を作成し，レポートに記載するとよい。そして，各条件で得られた正再生数の最大値・最小値などを記述し，考察において，結果でみられた個人差について書くための手がかりとしておくとよいだろう。

　　＊記述例
　　　暗算課題あり，暗算課題なしの両条件における全被験者の反応は，Table○のとおりであった。暗算課題あり条件での正再生数の最大値は○で，最小値は○であった。また暗算課題なし条件での正再生数の最大値は○で，最小値は○であった。

②「正再生数」の平均値
　　グループ集計用紙の一番右下に記載された数値が，「正再生数」の平均値を示している。暗算課題あり条件，なし条件のそれぞれについて，この数値を記載する。その際，表（Table）を作成してもよいだろう。

　　＊記述例
　　　カタカナの無意味つづりがどのくらい正確に再生されたかの指標を「正再生数」として，暗算課題あり，暗算課題なしの両条件にみられる「正再生数」の平均値を求めた（Table○）。暗算課題あり条件の平均値は○.○○であった。暗算課題なし条件の平均値は○.○○であった。

③系列位置ごとの正再生者数
　　グループ集計用紙の下から3行目（各系列位置における正再生者数）をもとに記述する。特に，これについては，挿入課題あり条件，なし条件の対照的な結果を表現するために，系列位置曲線を書くと，両者の違いが視覚的にわかりやすい。たとえば，図8.3を参考に，縦の目盛りを「正再生者数」にして，図（Figure）として記すとよい。もちろん図8.3と同様に，縦の目盛りを「正再生率」にして（各系列位置の「正再生率」を算出して）記述してもよい。

＊記述例

　暗算課題あり，暗算課題なしの両条件における，系列位置ごとの正再生者数は，Figure ○に示した曲線のとおりであった。暗算課題あり条件においては，○○○（ここの○○○には，「右下がり」「単調減少」「U字型」など，グラフの形状を説明した記述を入れるとよい）のグラフが示された。とりわけ系列位置にして○番目（明確に○番目といえないような結果

参考資料1　2文字からなるカタカナ無意味つづりの刺激および暗算課題の例

＊第7章の表7.1にならって，課題をNo.1からNo.10および暗算課題を用意するのであれば，Microsoft PowerPointを用いて，下の課題の区分および系列位置にしたがって実験材料を作成するとよい。

系列位置	課題 No.										暗算課題
	No.1	No.2	No.3	No.4	No.5	No.6	No.7	No.8	No.9	No.10	
1番目	セテ	ヌヤ	セア	ナヌ	ルエ	セホ	ノユ	ルヨ	ロヨ	ロユ	61
2番目	ラノ	ワホ	ルヌ	ミヒ	ロツ	ヌユ	ルヤ	セヘ	レヌ	ニヘ	38
3番目	トヌ	セヤ	レメ	ニノ	ヘフ	ネミ	ヌワ	レネ	リネ	リワ	75
4番目	スヘ	ヘハ	ワソ	ルモ	ラユ	ルメ	リヘ	ヌソ	ヨヌ	セノ	22
5番目	メミ	レワ	ツニ	ラル	ネセ	ユム	ムヌ	ヘニ	ルセ	ユヨ	50
6番目	ヌナ	スユ	ヨヤ	ヌサ	ノエ	スヨ	ヘム	ヤウ	ヌハ	ヌオ	86
7番目	ケメ	ロモ	ヘミ	レウ	リテ	ラヌ	ネワ	ヒヤ	ラヤ	クコ	59
8番目	ラエ	ヤテ	ワネ	ロヘ	セサ	ツセ	ノヨ	メワ	ネユ	ムル	43
9番目	ルム	ネヘ	ホヒ	テヒ	ヒホ	ヌチ	テハ	ヌア	ニメ	モセ	17
10番目	テヨ	ノヌ	ムユ	ソイ	オヌ	ヘネ	ロニ	リヒ	モヘ	ネメ	94

＊無意味つづりは，梅本・森川・伊吹（1955）において，無連想価が50以上のものを使用。

参考資料2　コンピュータで課題を提示する実験材料の作成（Microsoft PowerPoint2002/2003を用いた例）

(1) 1枚のスライドにつき，1つのカタカナ無意味つづりを入力する。無意味つづりのスライドの間には，空白のスライドを入れる。また，暗算課題ありの実験材料には，無意味つづりのスライドに続くかたちで，2桁の数字を入力する。なお，暗算課題には，空白のスライドは不要であるが，暗算課題の直前には，予告用のスライドを入れるとよい。

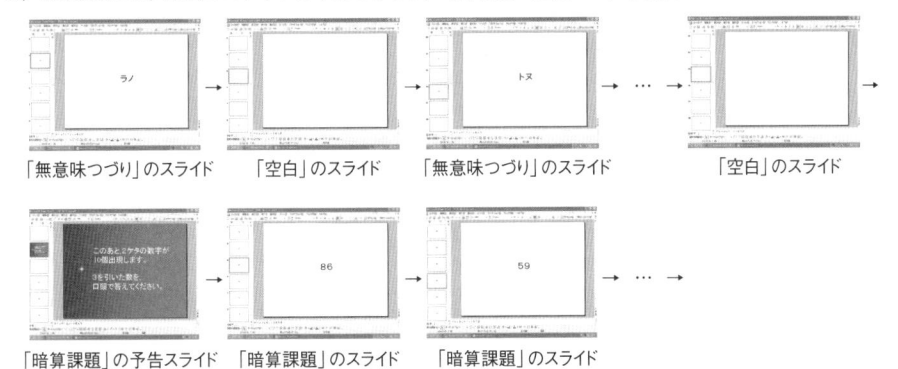

「無意味つづり」のスライド　「空白」のスライド　「無意味つづり」のスライド　「空白」のスライド

「暗算課題」の予告スライド　「暗算課題」のスライド　「暗算課題」のスライド

(2) (1)で作成したすべてのスライド（無意味つづり，空白，暗算課題の予告，暗算課題）について，メニューバーの「スライドショー」より「画面切り替え」を選択する。そして「画面切り替えのタイミング」について，「自動的に切り替え」にチェックを入れたうえ，時間を「00：01」（1秒）とする。

(3) 無意味つづりのスライドの前に，条件別に教示文用のスライドを作成して，挿入するとよい（教示用のスライドには，(2)のように画面切り替えの設定をする必要はない）。

が示されていたならば，「系列位置が前方」「系列位置が後方」などといった用語で説明するとよい）のカタカナ無意味つづりの再生者数が，他の系列位置の無意味つづりに比べて多かった。

　次に暗算課題なしにおいては，……（省略）……。

④早い段階で再生されやすい系列位置

　今回の実験結果では，グループ集計用紙の下の2行にある「どの系列位置の無意味つづりが早い段階で再生されたかを理解するための指標」（一番右列の正再生数の平均値の値を除く）が，再生されやすい系列位置を表す指標に相当する。そしてこの実験では，2種類の指標を設けている。1つは，グループ集計用紙で各系列位置を表す列において，「1」が記載された欄の総数である。「1」が記載された総数が多い系列位置ほど，被験者において，もっとも早く再生しやすいとみなすことができる。もう1つは，グループ集計用紙の各系列位置の列における，11－「記載されている数字」の総和である（数値が記載されていない欄については，便宜的に11が記載されていると見なす）。この値が大きい系列位置ほど，早い段階で再生されやすいと見なすことができる。たとえば10人の被験者全員が，ある系列位置のつづりをいちばん最初に再生したとすれば，（11－1）×10＝100となり，これは可能得点範囲の中での最大値に相当する。誰も再生しなかった系列位置があった場合は，その系列位置の結果には，数値が記載されていないため，便宜的に11が記されていると見なし，（11－11）×10＝0となり，これは可能得点範囲の中での最小値に相当する。こうしたことを踏まえて，表（Table）を作成しつつ，結果の記述をまとめるとよいだろう。

＊記述例

　いかなる系列位置で提示された単語が，自由再生の際に，より早い順序で再生されやすいかについて，暗算課題あり，暗算課題なし条件別に確認した（Table○）。まず暗算課題あり条件の結果について，最も多くの人が1番目に再生した系列位置を確認したところ，系列位置にして○番目のつづりにおいて，1番目に再生をした被験者数が最も多く，○人であった。また，別な角度から，早い段階で再生された系列位置を理解するために，それぞれの被験者によって各系列位置の無意味つづりが正再生された順番（1番目から10番目）の数値をもとに，「11－（再生された順番）」の値を算出し，系列位置ごとにこの値の総和を算出した。その計算の際，数値が記載されていない欄については，便宜的に11が記されていると見なして計算を行った。この結果，系列位置にして○番目において，この値が最も高く，○○であった。

　次に暗算課題なしにおいては，……（省略）……。

考　察

《考察については，以下の点を参考にして書くとよい》

①暗算課題あり条件と暗算課題なし条件とでは，自由再生にどういった特徴がみられただろうか。また，両者に異なる結果がみられたならば，なぜそうした違いが現れたと考えられるだろうか。「正再生数の最大，最小値，あるいは平均値（結果の①②に相当）」ならびに「系列位置ごとにみられる再生のあり方（結果の③④に相当）」に着目しながら考察すること。

②もし，当初あなたが予想を立てた仮説や，先行研究などの知見とは異なった結果が得られた場合，どういった原因が考えられるか。今回のグループでの実験の様子などを振り返りながら考察すること。

③実験結果に個人差があったか。もしあったならば，その原因としてどういったことが考えら

れるか。
④人間の記憶のメカニズムについて，どういった特徴があるといえるか。暗算課題あり，暗算課題なしの両条件での自由再生の結果や個人差をもとに，総合的に考察すること。

引用文献

レポート作成の中で引用した文献があれば，各自記すこと。

文献

Atkinson, R. C., & Shiffrin, R. M. (1968). Human memory: A proposed system and its control processes. In K. W. Spence, & J. T. Spence (Eds.), *The psychology of learning and motivation*. Vol.2. London: Academic Press.

Glanzer, M., & Cunitz, A. R. (1966). Two storage mechanisms in free recall. *Journal of Verbal Learning and Verbal Behavior*, **5**(4), 351-360.

Klatzky, R. L. (1975). *Human memory: Structures and processes*. San Francisco, CA: W. H. Freeman and Company. (クラッキー, R. L. 箱田裕司・中溝幸夫(共訳) (1982). 記憶のしくみⅠ・Ⅱ 認知心理学的アプローチ サイエンス社)

梅本堯夫・森川弥寿雄・伊吹昌夫 (1955). 清音2字音節の無連想価及び有意味度 心理学研究, **26**, 148-155.

4 認知心理学実験事例の紹介
（記銘時・想起時の環境が再生成績に及ぼす影響）

 2要因実験計画を用いた認知心理学実験の例としてGodden & Baddely（1975）を紹介する。この研究は長期記憶に対する記銘時・想起時の環境の影響を検討したもので，認知心理学の比較的初期の記憶研究としてたいへん有名な実験である。

 実験1の参加者は大学のダイビングクラブのメンバー16名であった。実験計画は記銘時環境（陸上・水中）×想起時環境（陸上・水中）の2要因被験者内計画である。参加者は陸上（海岸）または水中で単語のリストを音声提示によって記銘し，4分後に陸上または水中で筆記により自由再生した。記銘・想起の際に陸上にいるか水中にいるかという手続き以外の装置や手続きなどは同一に揃えられ，実施順序や使用リストは被験者グループ間でカウンターバランスされた。

 結果は表1のようになった。2要因分散分析の結果，どちらの主効果も有意でなく，交互作用だけが有意であった（$F(1,12)=22.0, p<.001$）。記銘時環境の主効果が有意でないので陸上で記銘しても水中で記銘しても再生成績に差があるとはいえないし，想起時の環境についても同様である。交互作用が有意だったことは，この場合，陸上で記銘した場合には陸上で想起するほうが成績がよく，水中で記銘した場合には水中で想起するほうが成績がよいことを示している（下位検定の結果もそのとおりになっていた）。つまり，記銘や想起の際の環境それ自体が直接成績に影響するわけではなく，記銘時と想起時の環境が一致しているかどうかが成績に影響するということになる。この結果は，記憶の符号化が文脈依存的である，すなわち環境が記憶の文脈としてともに符号化されている可能性を示唆しているといえる。

 交互作用によって示されるのは一般に主効果よりも複雑な変動であり，現象の精緻な分析を目的とする実験においては交互作用の有意性が重要視されることが多い。なお，この研究の目的だけからみれば，記銘時と想起時の環境の一致・不一致という1要因2水準の実験で十分であると考えられるかもしれない。しかし，記銘時と想起時の環境を独立に統制する2要因計画で交互作用をみる方がより厳密な検証になっているのである。

 実験2では文脈依存性以外の説明を排除するための被験者内1要因実験が行われている。2条件とも記銘時・想起時の環境はともに陸上であった。しかし，一方の条件では記銘のあと想起するまでずっと陸上にいたままだったが，もう一方では記銘の直後に水中に入り，想起の直前に再び陸上にあがった。その結果2条件に有意差はなかった。つまり，重要なのは同一環境がずっと継続することではなく，あくまで記銘時と想起時の環境が一致していることなのである。このように，他の可能な解釈を排除するための補助的な実験が実施される場合，検討する必要のないことがすでにわかっている要因（ここでは記銘時と想起時の環境の要因）はしばしば省略される。

（松井孝雄）

表1　記銘時および想起の環境と再生成績
（Godden & Baddely, 1975 より）

記銘時環境	想起時環境	
	陸上	水中
陸上	13.5	8.6
水中	8.4	11.4

（数値は32項目中の平均再生数）

文 献

Godden, D. R., & Baddeley, A. D. (1975). Context-dependent memory in two natural environments: On land and underwater. *British Journal of Psychology,* **66**, 325-331.

9

実験2：両側性転移の実施

はじめに

　運動を効率よく学習するための重要な要因として，学習の転移（transfer of learning）がある。転移とは，それまでに行った学習が後の学習に何らかの影響を与えることである。転移の影響はさまざまであり，以前に経験したことを利用することによって，新たなことを効率よく学ぶことができる場合（正の転移）もあるが，以前の経験が邪魔になって，新しいことがうまく身につかないという場合（負の転移）もある。そのため，転移を効果的に活用することが，効率的な学習には重要である。学習の転移はさまざまな領域においてみられるが，ここでは両側性転移（bilateral transfer）を取り上げる。両側性転移とは，身体の片側の器官（たとえば右手）を使ってなされた練習の効果が，別の側の器官（左手）に及ぶということである。

　ところで，人の活動では，知覚情報を適切に利用することが必要である。たとえば，ものをつかもうとするときには，つかもうとするものを目で見て，ものの位置やものまでの距離などを視覚的情報として取り入れる。そして，その視覚的情報にあわせて体を動かすことで，対象となるものをうまくつかむことができる。このような知覚と行動の結びつきを知覚運動協応（perceptual-motor coordination）という。適切に協応がされている場合には，知覚情報をうまく利用してスムーズに行動することができる。一方，知覚と行動の協応がうまくできていない場合には，ぎこちない動きになったり，時間がかかったりする。今までに経験したことがないような行動は，協応ができてないためにうまくいかないことが多い。しかし，行動を繰り返し行ったり，練習をしたりすることで徐々に協応ができあがり，うまく行動することができるようになる。練習などによって知覚と運動の結びつきを学習する過程を知覚運動学習（perceptual-motor learning）という。

　本実験では，この知覚運動学習における両側性転移の効果の検討を行う。本実験で取り上げる学習課題は，鏡映像を見ながらの運動遂行を求める鏡映描写課題である。鏡映描写課題とは，直接見るのではなく，鏡に映った像を見ながら課題となる図形を描写するものである。鏡に映った像は，直接見るのとは異なった見え方をする。知覚と運動の結びつきも普段とは異なる協応関係が必要になるため，スムーズに行うには新たな学習が必要となる。

目　的

　本実験の目的は，鏡映描写課題を用いて両側性転移の効果について検証することである。ある活動を何度も繰り返して練習することで，学習が行われ，技能が上達する。たとえば，左手を使ってある活動を練習することで，左手をうまく使ってその活動を行うことができるようになる。一方で，両側性転移が生じる場合には，右手を使った練習によって，左手をうまく使えるようになるはずである。

そこで，本実験では，鏡映描写課題によって，両側性転移の効果が認められるかについて検証する。あわせて，片側での練習による技能の上達について，両側性転移の効果との比較を行う。

方　法

実験計画
1要因3水準の被験者間要因による計画（図9.1）。

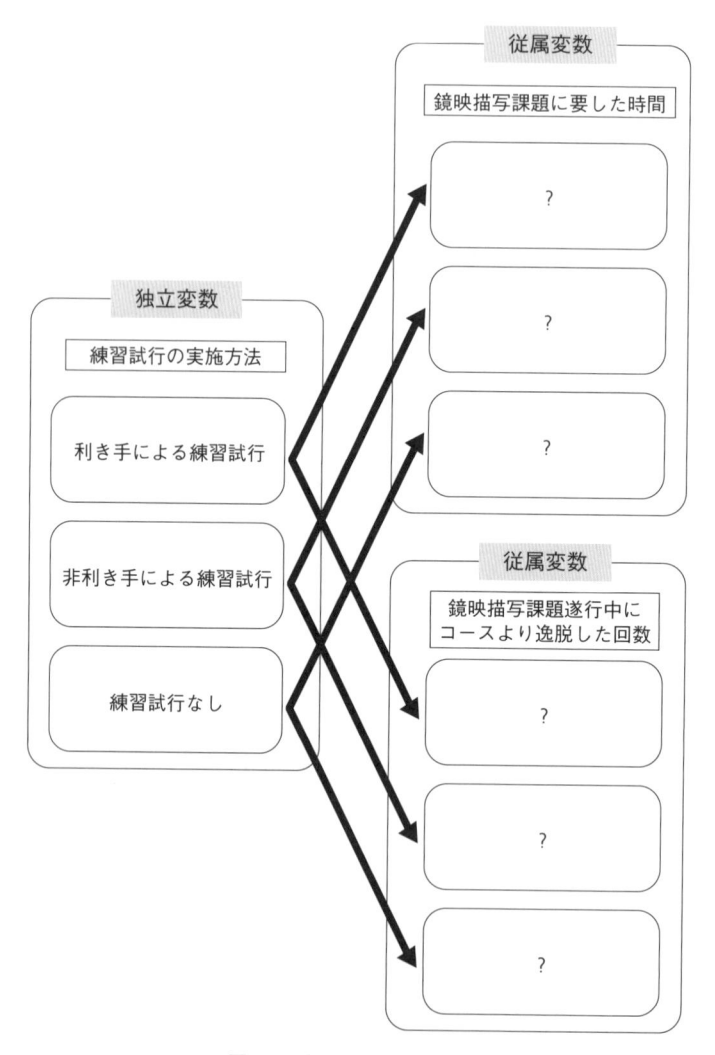

図9.1　独立変数と従属変数

独立変数…練習試行の実施方法（利き手による練習試行（利き手群）／非利き手による練習試行（非利き手群）／練習試行なし（統制群））
　　　　　グループのメンバーを，利き手群，非利き手群，統制群のいずれかにランダムに割り当てる。利き手群の被験者は，練習試行を利き手で行う。一方，非利き手群では，練習試行を非利き手で行う。統制群は，練習試行を行わずに10分間の音読課題を行う（表9.1）。

表 9.1　実験条件と試行内容

実験条件	試行内容		
	プレ・テスト（2回）	練習試行（10回）	ポスト・テスト（1回）
利き手群	非利き手	利き手	非利き手
非利き手群	非利き手	非利き手	非利き手
統制群	非利き手	音読課題（10分間）	非利き手

従属変数…鏡映描写課題に要した時間，鏡映描写課題遂行中にコースより逸脱した回数（つまり，2つの従属変数を扱う。）

　　鏡映描写課題の所要時間は，課題遂行の速さを表し，逸脱回数は，課題遂行の正確さを表す。いずれの指標も，課題遂行のための技能が学習されることで成績が上昇する。すなわち，練習試行を行うことで，所要時間が短縮され，逸脱回数が減少すると考えられる。

実験器具

①鏡映描写装置（竹井機器工業製，図9.2）

描写課題としては，図9.3に示すような星形図形が印刷された課題用紙を用いる。課題用紙は，利き手群および，非利き手群に対しては13枚（プレ・テスト2枚，練習試行10枚，ポ

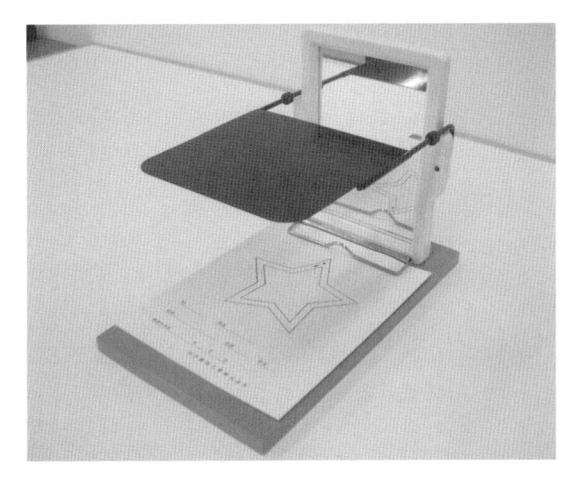

図 9.2　鏡映描写装置（竹井機器工業製）

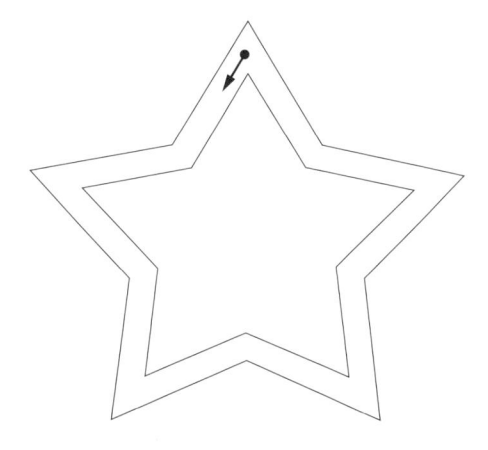

図9.3　鏡映描写課題の例

スト・テスト1枚)，統制群に対しては3枚（プレ・テスト2枚，ポスト・テスト1枚）を用意する。

②筆記具

鏡映描写課題に用いる筆記具を用意する。線幅の太すぎる筆記具の場合，コースを逸脱したかの判断が難しくなるおそれがあるため，適切な太さの線が書けるような筆記具を用いる。

③ストップウォッチ

課題の所要時間を測定するために，ストップウォッチを使用する。

④音読課題

統制群に対しては，練習試行として鏡映描写課題を行うのではなく，プレ・テストとポスト・テストの間に文章を音読する課題を実施する。そのため，音読課題用の文書を用意する。文書は実験参加者が普通に通読できるような内容のものを用いる。なお，音読課題は10分間実施するため，その時間内に音読が終了しないような分量が必要となる。

⑤個人用記録用紙（本章末に添付）

⑥グループ集計用紙（4種類。本章末に添付）

実験手続き

実験は，2名の実験者が共同で行う。1名は，被験者への教示など，実験全体の進行と鏡映描写課題所要時間の測定を行う。もう1名は，実験進行の補助作業と，鏡映描写課題実施中に逸脱回数のカウントを行う。

①実験準備

記録用紙への記入を行う。実験実施日・実験者氏名・実験条件欄は，被験者が実験室に入室する前に記入しておく。被験者が実験室へ入室したら，鏡映描写装置の前に着席させ，氏名・性別・年齢・利き手を確認し，必要事項を記録用紙に記入する。

②鏡映描写装置の準備

被験者から鏡映像のみが見え，描写課題が直接見えないように鏡映描写装置を配置する。そして，「これから，鏡映描写の実験を始めます。開始の合図があるまで目を閉じていてください」と教示する。被験者が目を閉じた後に，描写課題を鏡映描写装置にセットする。そして，被験者に筆記具を持たせて筆記具の先を描写開始位置に置き，反対の手で描写課題用紙を固定させる。

③実験実施

実験者は，教示を行う。「"始め"の合図がありましたら，鏡に見える像だけを頼りに，できるだけ速くできるだけコースから外れないように注意しながら矢印の方向に一周してください。その際に，筆記具の先を紙から絶対に離さないようにしてください。もし，コースから外れてしまったら，すぐに外れた所へ戻ってから続けてください。」被験者に準備ができたかを確認してから，「目を開いてください。用意，始め」と合図し，ストップウォッチにより所要時間を計測する。もう1名の実験者は，同時に，逸脱回数のカウントを行う。

④記　　録

描写課題が終了したら，被験者に再び目を閉じるよう求める。記録用紙に所要時間・逸脱回数を記録する。所要時間に関しては，100分の1秒の位で四捨五入を行い，10分の1秒までの値で記録する。

⑤次試行の実施

記録が終了したら，次試行の描写課題をセットする。前試行終了後約15秒経過した時点で，次試行を開始する。以降，同様の手続きを被験者の実験条件に合わせて実施する。各実験条件でプレ・テスト後の試行手順が異なるため，次の内容を理解して，誤りのないように注意

する。
(1) 利き手群：プレ・テスト終了後に筆記具を利き手に持ちかえるよう指示し，練習試行を10回行う。練習試行終了後に再び非利き手に持ちかえるよう求め，ポスト・テストを実施する。
(2) 非利き手群：すべての試行を非利き手で行う。そのため，筆記具持ちかえの指示はせず，全13回の試行を続けて実施する。
(3) 統制群：プレ・テスト終了後に「これから10分間，この文章を音読していただきます。そのまま席について，小さな声で文章を読んでください。音読中は，今行った課題について思い返したり，練習したりしないようにしてください」と指示する。そして，10分後に音読課題を終了し，ポスト・テストを実施する。練習試行は行わない。

⑥内省報告
すべての実験条件で，全試行終了後に内省報告を求め，記録用紙に記入する。

結果の整理

　本研究における従属変数は，①鏡映描写課題遂行の所要時間，②鏡映描写課題遂行中の逸脱回数の2つである。所要時間は課題遂行の速さを，逸脱回数は課題遂行の正確さをそれぞれ示している。また，練習試行を行ったことによる課題成績の改善の指標として，上達量を計算する。プレ・テスト1回目は，課題に慣れていないため，所要時間・逸脱回数が非常に大きな値になってしまう場合もある。そのため，上達量はプレ・テスト2回目の値からポスト・テストの値を引いた値を用いる。上達量は，プレ・テスト2回目とポスト・テストを比較した場合に，所要時間が減少する，もしくは逸脱回数が減少すると正の値をとる。一方，負の値になる場合には，所要時間・逸脱回数が増加している。

　そして，実験条件ごとに実験参加者の所要時間を集計し（本章末のグループ集計用紙1を使用），各試行における平均値と標準偏差を算出する。その際，利き手群および非利き手群は，プレ・テスト，練習試行，ポスト・テストおよび上達量について計算する。統制群は，練習試行を行わないため，プレ・テスト，ポスト・テストおよび上達量について計算する。逸脱回数についても，同様に集計する（本章末のグループ集計用紙2を使用）。

　さらに，算出した平均値および標準偏差を論文形式の表にする（本章末のグループ集計用紙3，4を使用）。また，その表をもとにして，所要時間および逸脱回数の推移をグラフ化して示す。

第9章の実験用記録用紙（個人用記録用紙）

実験実施日：　　　年　　　月　　　日

実験者名：

被験者　氏名：　　　　　　　　　　番号：　　　　　　　性別：

　　　　年齢：　　　　　　　　利き手：**右・左**

実験条件：**利き手・非利き手・統制**

プレ・テスト

	1	2
所要時間		
逸脱回数		

ポスト・テスト

	所要時間	逸脱回数

上達量（プレ2－ポスト）

	所要時間	逸脱回数

練習試行

	1	2	3	4	5	6	7	8	9	10
所要時間										
逸脱回数										

内省報告

第9章の実験用記録用紙（グループ集計用紙1　所要時間）

実験条件	被験者番号	プレ・テスト		練習試行										ポスト・テスト	
		プレ1	プレ2	1	2	3	4	5	6	7	8	9	10	ポスト	上達量(プレ2－ポスト)
利き手群	01														
	02														
	03														
	04														
	05														
	：														
	N														
	平均値														
	標準偏差														
非利き手群	01														
	02														
	03														
	04														
	05														
	：														
	N														
	平均値														
	標準偏差														
統制群	01														
	02														
	03														
	04														
	：														
	N														
	平均値														
	標準偏差														

第9章の実験用記録用紙(グループ集計用紙2　逸脱回数)

実験条件	被験者番号	プレ・テスト		練習試行										ポスト・テスト	上達量(プレ2−ポスト)
		プレ1	プレ2	1	2	3	4	5	6	7	8	9	10	ポスト	
利き手群	01														
	02														
	03														
	04														
	05														
	:														
	N														
	平均値														
	標準偏差														
非利き手群	01														
	02														
	03														
	04														
	05														
	:														
	N														
	平均値														
	標準偏差														
統制群	01														
	02														
	03														
	04														
	:														
	N														
	平均値														
	標準偏差														

第9章の実験用記録用紙（グループ集計用紙3　所要時間）

実験条件	プレ・テスト			練習試行									ポスト・テスト	上達量（プレ2－ポスト）
	プレ1	プレ2	1	2	3	4	5	6	7	8	9	10	ポスト	
利き手群	( )	( )	( )	( )	( )	( )	( )	( )	( )	( )	( )	( )	( )	( )
非利き手群	( )	( )	( )	( )	( )	( )	( )	( )	( )	( )	( )	( )	( )	( )
統制群	( )	( )											( )	( )

( )内は標準偏差

第9章の実験用記録用紙（グループ集計用紙4　逸脱回数）

実験条件	プレ・テスト			練習試行										ポスト・テスト	上達量（プレ2－ポスト）
	プレ1	プレ2	1	2	3	4	5	6	7	8	9	10		ポスト	
利き手群	( )	( )	( )	( )	( )	( )	( )	( )	( )	( )	( )	( )		( )	( )
非利き手群	( )	( )	( )	( )	( )	( )	( )	( )	( )	( )	( )	( )		( )	( )
統制群	( )	( )												( )	( )

（　）内は標準偏差

10 実験2レポートの手引き

はじめに

　本章では，両側性転移の実験結果をどのようにレポートに仕上げるのかについて説明する。特に，レポートの様式，考察のポイント，両側性転移の理論や先行研究の知見，について取り上げる。レポートの様式は，「問題と目的」「方法」「結果」「考察」「引用文献」といった，先の章までで説明したレポートの書き方やスタイルにしたがっている。レポートの書き方に少しずつ慣れてきたら，得られた結果をどのように考察するかといったことにも挑戦していただきたい。そのため，ここでは考察のポイントや，考察の際に参考となるような両側性転移の理論や先行研究の結果などについても解説を行っている。まだレポートを書き慣れない段階においては，どうしても指示されたレポートの様式などにこだわりがちであるが，本章の解説を参考にしながら個々人で考えを進め，考察部分を充実させてほしい。

レポートの様式

　以下の指示にしたがってレポートを作成すること。記述の詳細は各自の判断に任せるが，最低限の様式を守ること。また，結果においては「各試行における所要時間の平均および標準偏差」「各試行における逸脱回数の平均および標準偏差」の図（Figure）と表（Table）を必ず作成する必要がある（表については第9章を参照のこと）。

タイトル
「鏡映描写課題における両側性転移の効果についての検討」

問題および目的
　第9章を参考に記述する。実験の背景となる議論を踏まえ，本研究において検討すべき問題点，すなわち研究の目的が明らかになるように述べることが重要である。

方　法
　以下の記述例をもとにして，各自方法を記述する。
　なお，被験者の人数・平均年齢は，データをもとに各自算出して記載すること。また，全体の人数だけでなく，各群の人数も示す必要がある（平均年齢は群ごとに出さなくてもよい）。

　＊記述例（○で記したところには，各自で必要な値や言葉を入れること）
　被験者：大学生○○名（男性○○名，女性○○名）が実験に参加した。被験者の平均年齢は
　　○○.○歳であった。

実験器具：鏡映描写装置を用いた。描写課題は，Figure ○に示すような星形図形であった。また，音読課題として○○を使用した。

実験条件：被験者は，利き手群（○○名），非利き手群（○○名），統制群（○○名）のいずれかにランダムに割り当てられた。利き手群はプレ・テストを非利き手で，練習試行を利き手で，ポスト・テストを再び非利き手で行った。非利き手群は，プレ・テスト，練習試行，ポスト・テストのすべてを非利き手で行った。統制群は，プレ・テストを行い，10分間の音読課題の後にポスト・テストを行った。各条件の試行内容をTable ○に示す。

実験手続き：被験者は鏡映像のみが見え，描写課題が直接見えない位置に着席した。そして「これから鏡映描写の実験を始めます。開始の合図があるまで目を閉じていてください」と教示された。被験者が目を閉じた後で，実験者は描写課題を鏡映描写装置にセットした。そして，被験者に筆記具をもたせて筆記具の先を描写開始位置に置き，反対の手で描写課題を固定させた。その後，「"始め"の合図がありましたら，鏡に見える像だけを頼りに，できるだけ速くできるだけコースから外れないように注意しながら矢印の方向に一周してください。その際に，筆記具の先を紙から絶対に離さないようにしてください。もし，コースから外れてしまったら，すぐに外れた所へ戻ってから続けてください」と教示した。

被験者に準備ができたかを確認してから，「目を開いてください。用意，始め」と合図し，ストップ・ウォッチにより所要時間を計測した。同時に，逸脱回数のカウントを行った。描写課題が終了したら，ストップ・ウォッチを止め，被験者に再び目を閉じるよう求めた。そして，記録用紙に所要時間・逸脱回数を記録し，次試行の描写課題をセットした。前試行終了後約15秒経過した時点で，次試行を開始した。

利き手群に対しては，プレ・テスト終了後に筆記具を利き手に持ちかえるよう指示し，10回の練習試行が終了した後に再び非利き手に持ちかえるよう求めた。非利き手群に関しては，筆記具持ちかえの指示は行わなかった。統制群に関しては，プレ・テスト終了後に「これから10分間この文章を音読していただきます。そのまま席について，小さな声で文章を読んでください。音読中は，今行った課題について思い返したり，練習したりしないようにしてください」と指示した。そして，10分後に音読課題を終了し，ポスト・テストを実施した。

また，全試行終了後に内省報告を求めた。

結　　果

ここでは第9章の結果の整理において作成した図表をもとに，結果を記述する。なお，結果の記述を行う前に，本研究の目的，独立変数，従属変数は何であったかについてもう一度確認することをお勧めする。

なお，結果の記述に際しては，いきなり図表から始めないこと。はじめに，何についてのデータを集計し，その結果をどこに表したのかを記述する必要がある。また，Table ○，Figure ○といった，結果の図表がある場合は，そこに示された結果を文章でわかりやすく記述する。その際には，箇条書きではなく，完全な文章によって記述すること。

また，繰り返しになるが，最低限，所要時間と逸脱回数の平均値（Tableについてはp.111に説明する標準偏差も明記）についてのTable（2つ）とFigure（2つ）は必ず作成されたい。もちろん，これ以外にも各自工夫して結果の整理を行うことが望ましい。ただし，結果を整理していない全員の素データを載せる必要はない。

今回の実験における結果の記述のポイントは，次のようにまとめられる。

①被験者は，各群にランダムに割り当てられているはずである。したがって，これらの群間にはもともとの差がないことを確認する必要がある。そのためには，プレ・テストの結果

について，3群を比較してみることから始めたい。なお，なぜプレ・テスト1のデータを捨て，プレ・テスト2のデータを用いるのか，理由を明記すること。
②目的を検討するためには，どの結果を用いる必要があるのかも考えてもらいたい。たとえば，「練習による技能の上達がみられたか」という目的を検討するためには，どの群を比較すればよいか（各群のうち，どれが「練習あり」群であり，「練習なし」群であるのかを考えればおのずと答えはわかるだろう）。
③さらに，「両側性転移の効果がみられたか」という目的について検討するためには，どの群を比較すればよいだろうか。

これらのことがきちんと検討されなければ，本研究の目的を達したことにはならない。もしわからなければ，前章をもう一度読み返してほしい。

考　察

考察では，研究の目的に沿って，得られた結果から導き出すことのできる事柄（結論）を述べる。

今回の実験での考察のポイントは，次のようにまとめられる。
①3群のプレ・テストの結果には，どういった特徴がみられるだろうか。もし群間に差があったならば，その原因としてどのようなことが考えられるか。
②プレ・テストからポスト・テストを引いた「上達量」において，「非利き手による練習」と「音読課題（練習なし）」とでは，課題遂行の所要時間，および課題遂行時の逸脱回数にどういった違いが生じるだろうか。
③利き手群と非利き手群の「上達量」，および利き手群と統制群の「上達量」を比較した場合，「利き手」による練習の影響にはどういった特徴がみられただろうか。
④実験結果に個人差があっただろうか。あるいは，所要時間の上達量と逸脱回数の上達量に差があっただろうか。もしあったならば，その原因としてどういったことが考えられるか。
⑤人間の知覚協応運動の特徴や，学習の転移のメカニズムの特徴としてどういったことがいえるか。「非利き手練習」「利き手練習」「音読（練習なし）」の各条件での上達量の結果や，個人差（もしもそうした結果がみられたならば）をもとに，総合的に考察すること。
⑥運動（技能）学習の転移効果をより詳細に検討するために，本実験以外にどのような研究・実験計画が考えられるか。また，その研究によってどのような点が明らかになると考えられるか。

ここに挙げたポイントのすべてについて，考察しなくてはいけないというわけではない。あくまで考察の際の手がかりとしてくれればよい。また，考察の際には，個人用記録用紙の内省報告などを参考とすることも有効である。もちろん，これらのポイントだけについて考察すればそれでよいというわけではなく，各自，独自の視点から考察することが望ましい。

引用文献

レポート作成の中で引用した文献があれば，各自記すこと。

両側性転移実験に関する参考資料（考察のヒント）

ここでは，考察に際して参考にしていただきたい資料を紹介する。心理学においては，先行研究で得られた知見や理論の中から新しい研究が行われる場合が多い。そのため，先行研究で何が明らかになっているのか，どのような研究の背景や理論があるのかを知ることは重要であ

る。これらの資料を参考に，各自で考察を深めていただきたい。

転　移

1）正の転移と負の転移　過去における学習や経験が，その後の学習や練習に何らかの影響を及ぼすことを，学習の転移（transfer of learning）とよんでいる。たとえば，スケートをある程度習得している人は，スキーの習得が容易であったり，初めてテニスを習う人と比べるとピンポンの経験のある人の方が急速に上手になったりする場合などが考えられる。また，運動に限らず，英語をすでに学んだ人が仏語を学ぶ場合，仏語を初めての外国語として学ぶ人に比べるとずっと容易に習得できることも考えられる。このように，先に学習や練習をしたことが後の学習に促進的に作用する場合，正の転移（positive transfer）があるという。その逆に，軟式テニス経験者が硬式テニスをする場合，グリップの関係からバック・ボレーにとまどったりする例のように，妨害的に作用する場合は負の転移（negative transfer）が認められるという。

2）クラフツの実験　転移についての先行研究としてクラフツ（Crafts, 1935）の研究を紹介する。実験は，次のような手続きで行われた。まず，被験者は，9を除く1から10までの数字が書いてあるカード72枚を，同一の数字が書いてある箱に分類するという課題に取り組んだ。練習を8試行行った後，第9試行において箱の位置が変えられ，カードの分類学習の転移が観測されるかどうかが調べられた。この第9試行では，次のような4つの異なる群が設定され，課題遂行にかかる所要時間の変化が検討された。

各群の内容はつぎのようになっていた。
　実験群1：箱の位置の変更なし
　実験群2：3つの箱の位置を変更
　実験群3：6つの箱の位置を変更
　実験群4：9つとも箱の位置を変更

図10.1には，各群のそれぞれの課題における所要時間の結果が示されている。実験群2と実験群3では，課題内容が変わっている，すなわち練習試行の際の箱の位置が変えられているにもかかわらず，第9試行の所要時間が第1試行よりも短くなっていた。すなわち，これらの群では正の転移が生じたと考えられる。それに対して，実験群4では，第1試行よりも第9試行の所要時間が長くなっており，負の転移が生じたといえる。

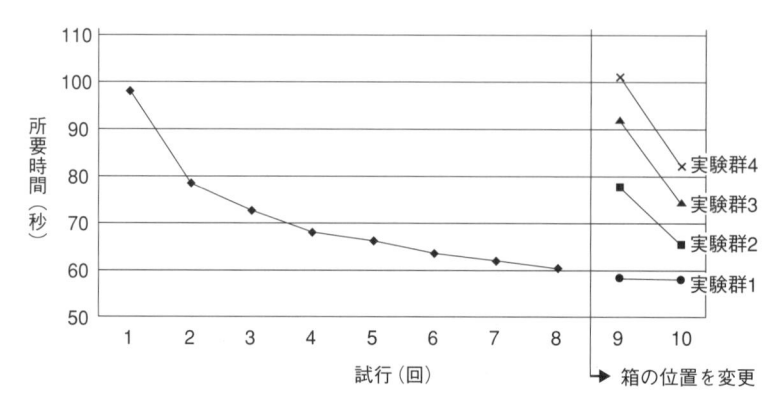

図10.1　課題の類似度（共通する要素の数）が転移に及ぼす効果
（Crafts, 1935をもとに作成）

3）**転移の理論**　さまざまな学習の転移を包括的に説明する理論はまだないが，技能学習に比較的当てはまる理論として，Osgood（1949）のモデルがある（図10.2参照）。これは，「刺激（課題）の類似性」と「反応の類似性」の組み合わせによって，正・負の転移の生起を説明するモデルである。

このモデルによれば，反応の類似性と刺激の類似性が共に大きいときに，強い正の転移が生じる。それに対して，刺激の類似性が大きいにもかかわらず，反応の類似性が小さい場合に，強い負の転移が生じると考えられる。軟式テニスと硬式テニスを例に考えると，両者は刺激（課題）の類似性が大きいスポーツである。しかし，軟式テニスではラケットを片面しか使わないのに対し，硬式テニスでは両面使うため，バック・ボレーの際のグリップの握り方が異なる。このような違い（つまり反応の類似性の小ささ）があるために，軟式テニス経験者は硬式テニスのバック・ボレーにとまどうといった現象が起こると考えられる。クラフツの実験結果で考えれば，実験群4にとっては，第9試行目はカードを箱に入れるという課題は同じであるものの，箱の位置がすべて変更されているためそれまでとは異なる反応が必要となり，課題遂行に時間がかかってしまったと考えられる。このように，妨害的に作用する場合は負の転移が認められるという。ただし，運動性の技能学習に関しては負の転移は比較的少なく（鹿取・杉本，2004），軟式テニスが上手だった人は硬式のテニスもやはり上手なのである。

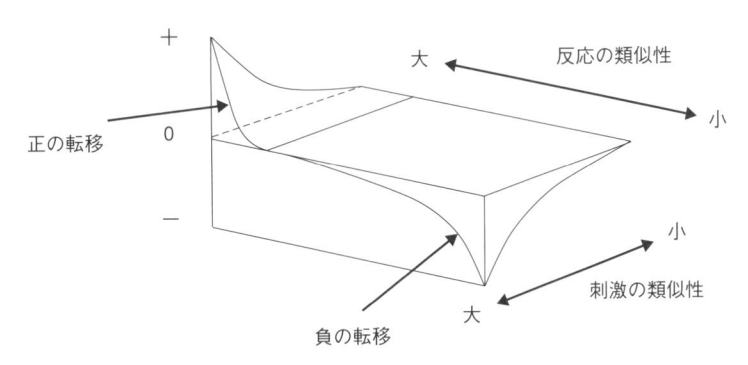

図10.2　転移の理論（移行逆転曲面）（Osgood, 1949をもとに作成）

鏡映描写課題

鏡映描写（mirror drawing）は，鏡の中の鏡映像を手がかりにして，鉛筆などで，元の図形をたどることである（第9章を参照）。鏡映像を見ながらの運動は，「見えているもの」と「実際の動き」が日常生活の中で慣れ親しんでいる協応関係とは異なることになる。そのため，視覚系と運動系が新たな事態に直面することになる。そこでは遠近関係が逆になっているので，鏡映像上の左の奥に鉛筆を移動させるには，実際の運動としては鉛筆を左前方に動かさなければならないといった具合に，描画が思ったように実行できないのである。しかし，練習試行を重ねるうちに，最初の不適切な協応関係は次第に崩れていき，新しい状況に適した協応関係が形成される。新しい協応の進行状態は，時間に伴う動作の誤りの減少や所要時間の短縮に現れ，一般に練習の初期には急速に進み，次第に緩やかになってくる。このように，運動学習では運動技能（motor skill）の反復練習がその技能の上達をもたらす。

被験者間要因と被験者内要因

本研究で用いられた実験計画は，被験者間1要因計画である。1要因計画とは，1つの要因のみを取り上げ，その他さまざまな要因は一定にし，取り上げた要因をいくつかの水準に分けて，その水準間の差を検討するものである。本研究においては3つの被験者群が設定されてお

り，1要因3水準の要因計画となっている。また，各群にランダムに被験者を配置した場合は，完全無作為1要因計画（デザイン）ともよぶ。

　ところで，被験者間要因計画とは，要因内のおのおのの水準にそれぞれ異なる被験者を配置するデザイン（対応のないデザイン）である。多くの被験者をいくつかの水準に配置して実験を行った場合，同一水準の中でも測定値にばらつきがみられる。一般的に被験者間要因計画においては，被験者数が少ない場合などに個人差の影響が大きくなることが知られている。したがって，水準間で差がみられるためには，水準内のばらつき（たとえば，個人差）や実験実施上の誤差（たとえば，偶然誤差）よりも，水準の違いによる影響が大きくなることが必要である。

　一方，被験者内要因計画は，繰り返しのある要因計画（対応のあるデザイン）ともよばれ，各水準で被験者がすべて同じである。そのため，実験の結果に対して個人差が及ぼす影響を統制することが可能である。したがって，個人差の影響が大きいと考えられる現象（たとえば，錯視量）について検討する場合は，同じ被験者を各条件に繰り返し割り当てる被験者内要因計画を用いる方がよい。また，たくさんの被験者を集める必要がないといった利点もある。しかし，被験者内要因計画では同一の被験者がすべての条件の試行を繰り返す。そのため，①被験者の負担が大きい，②条件内で同じ材料を用いることが難しい場合がある，③練習効果や疲労効果が生じうる，などの問題点があり，被験者間要因計画を用いることが望ましい場合も多い。

文　献

Crafts, L. W. （1935）. Transfer as related to number of common elements. *Journal of General Psychology*, **13**, 147-158.
鹿取廣人・杉本敏夫(編著) （2004）. 心理学(第2版) 東京大学出版会
Osgood, C. E. （1949）. The similarity paradox in human learning: A resolution. *Psychological Review*, **56**, 132-143.

11

実験3：パーソナルスペースの実施

はじめに

　お店に入って昼ご飯を食べていたら，知らない人が近寄ってきて相席を頼まれる。ガラガラに空いた映画館の中で他にたくさんの空席があるのに見知らぬ人がすぐ隣に座る。このような場合「何となく落ち着かない」という気分になる人は多い。

　なぜこのような気分の変化を感じる人が多いのだろうか？　これについては「人間は他人があまりに物理的に接近してくると，一定の距離をおき個人の占有空間を維持しようとする傾向があるため」といわれている。このような個人が優先的，私的に占有しようとする物理的空間，いわば個人が自分の身体を中心にして認識する目に見えない境界線をもつ個体空間は「パーソナルスペース（Sommer, 1959）」とよばれる。

　今回はパーソナルスペースの大きさに影響を与えると思われるいくつかの要因を扱い，それらが正面方向のパーソナルスペースの大きさに与える影響を検討する実験を行う。実験および実験に関するレポートの作成を通じて，パーソナルスペースについて理解したうえで実験計画および実験実施における注意点，実験結果のまとめ方なども理解，習得してほしい。

目　的

　個人が，正面方向にどの程度の大きさのパーソナルスペースをもっているか，そして接近してくる他者とのアイコンタクト[注]の有無，被験者の性別および向性が，パーソナルスペースの大きさにどのような影響を与えるかを検討する。要因計画は，アイコンタクト（あり条件，なし条件：被験者内要因），性別（男性条件，女性条件：被験者間要因），向性（外向群，内向群：被験者間要因）という2×2×2の3要因計画である。

　さらに，行動観察および内省から他者の接近に伴う心理的変化についても検討する。

方　法

実験計画

　3要因（水準はすべての要因で2水準）の混合要因（被験者内要因と被験者間要因の両者を含むこと）による計画（図11.1）。

　独立変数…被験者と接近者のアイコンタクト（脚注参照）の有無（アイコンタクトあり／アイコンタクトなし），被験者の性別（男性／女性），被験者の向性（外向／内向）

　従属変数…接近される状況での正面方向のパーソナルスペースの大きさ（距離）

注）ここでいうアイコンタクト（eye-contact）とは，被験者と被験者に接近する実験協力者（接近者）の視線が合う状態を指す。

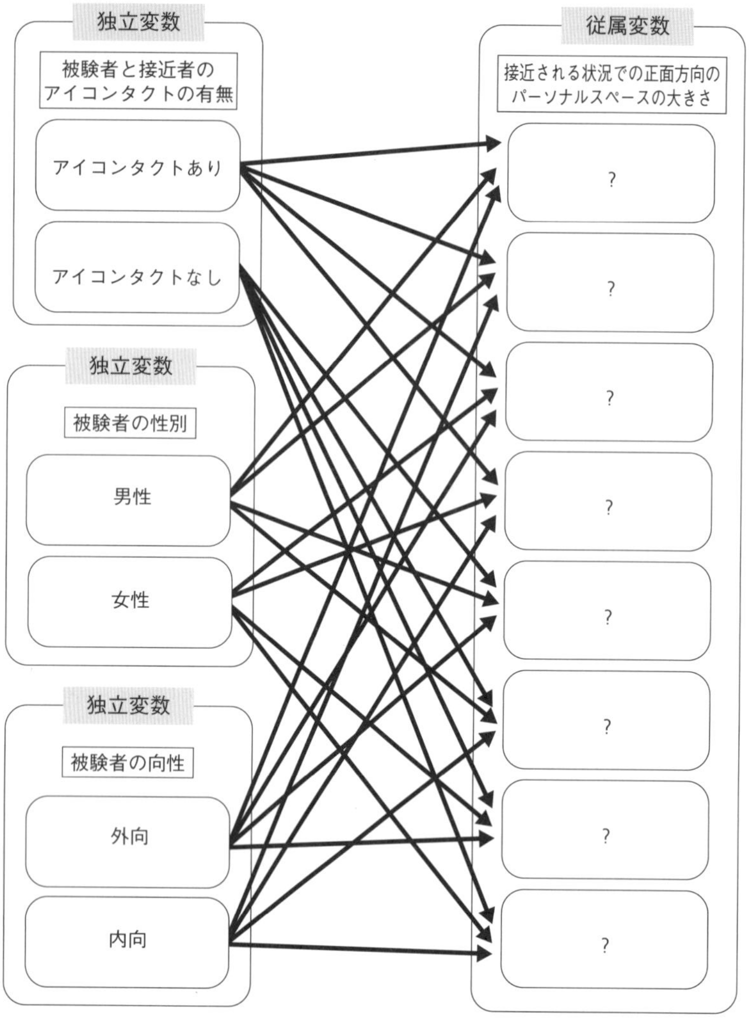

第11章 実験3：パーソナルスペースの実施

図11.1 独立変数と従属変数

実験器具
①巻き尺
②ビニールテープ
③向性検査（淡路・岡部式向性検査）（本章末に添付）
④個人用記録用紙（本章末に添付）
⑤グループ集計用紙（本章末に添付）
⑥全体集計用紙（本章末に添付）

実施手続き
1）実験者と被験者の組み合わせの決定 まず自分が実験者をする際の被験者を決定する。
　個人用記録用紙に，実験者の氏名，被験者の氏名，年齢，性別を記録する。なお，この研究では年齢，向性指数，パーソナルスペースの大きさなどの個人情報を利用するので，ここで各被験者に対して，被験者IDを割り振る。割り振られた被験者IDも個人用記録用紙に記録する。

2）向性検査（淡路・岡部式向性検査）の実施　　実験者は，被験者に向性検査に回答するよう求める。被験者からの回答を得た後，実験者は被験者の向性指数VQ（version quotient）を算出し，個人用記録用紙に記録する。

3）パーソナルスペースの大きさ（距離）の測定

①実験協力者の決定と依頼

実験を行う際にそれぞれの被験者に対して徐々に接近する実験協力者（以下，接近者とする）を決定する。

被験者に接近者を決定してもらう。

接近してくる人間との関係性によってパーソナルスペースの大きさが変化するという知見が示されている（Willis, 1966）。そのため接近者の決定にあたって今回は，被験者と接近者の関係性が実験結果に影響を与えないように統制する。

被験者に対し，同じグループ（もしくは別の協力を得られる人物）で「2人で個人的に話すほど親しい関係でもなく，嫌っているというわけでもない」<u>同性の人</u>を指名してもらい，その被験者に対する接近者とする。実験者は接近者として実験に協力するよう求め，接近者から了承を得る。

被験者と接近者の組み合わせが決定したら，被験者の氏名，被験者IDを記した個人記録用紙に接近者の氏名を記入する。

②アイコンタクトあり／なしの2条件の試行順序の確認

今回は接近者が接近する際の視線について，（a）被験者と接近者がお互いの顔を見ている「アイコンタクト（以下EC）あり条件」と，（b）被験者は接近者の顔を見ているが，接近者は被験者の顔を見ずに軽くうつむいて自分（接近者）のつま先付近を見ている「ECなし条件」の2条件において，被験者の正面方向のパーソナルスペース（距離）を測定する。

初頭効果，学習効果，慣れなどの効果が剰余変数として影響しないようにするため，2条件の試行順序をカウンターバランスする。IDが<u>奇数の被験者に対しては，「ECなし→ECあり」</u>の順に，<u>偶数の被験者に対しては，「ECあり→ECなし」</u>の順に試行を行う。

実験者は被験者IDを確認し，個人記録用紙にECあり／なしの試行順序を記入する。

③パーソナルスペースの大きさの測定の準備

グループ活動用のスペース（今回は屋内とする）の中央の床に，ビニールテープで3メートルの直線を1本引く。部屋の中で行う場合は部屋の中にある机や椅子を片づけて，ラインの周囲は少なくとも1.5メートル四方に，壁や備品がない状態にする。

④パーソナルスペースの測定

（a）まず，接近者に実験の手順について，以下のとおり説明する（図11.2参照）。

「これから行う実験では，床に3メートルの直線がテープで描かれており，一方の端に被験者が立ちます。あなたにはまずテープのもう一方の端に被験者の方を向いて立ってもらいます。場合によってはテープの端よりももっと遠い位置に立ってもらうこともありますが，これは実験者である私の指示にしたがってください。あなたは実験開始から終了まで，感情を表情に出さないようにして，無表情かつ無言の状態を維持してください。」

「私が出す実験開始の合図とともに2秒につき1歩，1歩につき靴の長さの半分程度ずつ被験者に接近していってもらいます。被験者と向き合って立ってからは，あなたが近づいていく被験者の顔，または自分のつま先付近を見続けてください。今回は，まず，顔（つま先）を見続けてもらう条件での実験を行い，その次につま先（顔）を見続けてもらう条件での実験を行います。指示にしたがってください。実験開始後，被験者が『はい』と言って合図をしたら，その場で静止してください。」

「いったん止まった後で，近寄りすぎているとか，もう少し近くてもよいと被験者が言っ

た場合は，被験者の指示にしたがって2秒につき1歩，1歩につき靴の長さの半分程度で前進または後退して被験者の合図を受け位置を直してください。位置が確定した後で，あなたのつま先と相手のつま先の距離を測定させていただきます。

　今の説明でご理解いただけたでしょうか？　何か質問がありましたらどうぞ。」
(質問が出た場合には再度説明する)

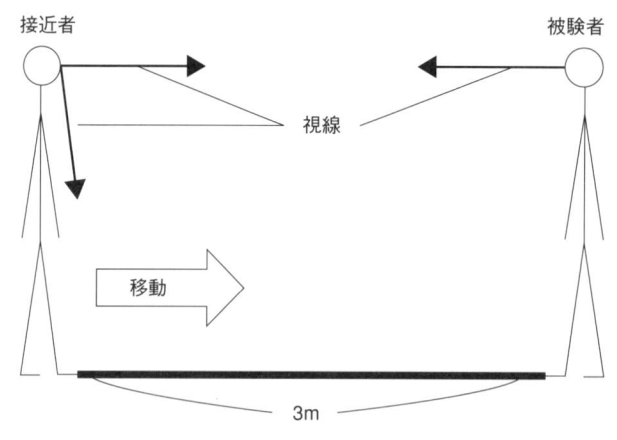

図11.2　パーソナルスペース測定の様子

(b) 被験者に実験の趣旨および手続きについて，以下のとおり説明する。
　「この実験は，人間が他人に対してどの程度距離をとっていれば，気詰まりな感じや落ち着かない感じを受けないものかを調べるものです。」
　「この実験での『気詰まりな感じ』や『落ち着かない感じ』とは，近づいてこられることによって，いやな感じや不安な感じがする，目をそらしたくなる，笑いたくなる，腹が立ってくる，逃げたくなる，相手を攻撃したくなる，泣きたくなる，などの感情や欲求の変化や発生を意識することとします。」
　「床に3メートルの直線がテープで描かれてありますので，あなたにはテープの端に立ってもらいます。実験が開始されると逆の端，またはもう少し後ろからこの実験の協力者である接近者があなたの方に近づいてきます。あなたは近づいてくる接近者の顔を表情を変えずに無言で見続けてください。」
　「今の説明でご理解いただけたでしょうか？　何か質問がありましたらどうぞ。」
(質問が出た場合には再度説明する)
(c) 被験者に線の端につま先が位置するよう直立する指示を与える。このとき，被験者には顔と体を床に書かれた線のもう一方の端に向けて立つよう指示する。次に接近者を被験者から3メートル離れた線上に被験者に向かって立たせる。被験者に，実験中は接近者の顔を見続けるよう指示する。その時点で被験者が落ち着かないと申告した場合は被験者と接近者の両者を後退させ，床に示された直線の延長上に被験者が十分に落ち着いて接近者と向き合える距離をあけて立つようにする。実験では，以下のとおり説明するとよい。
　「線のこちらの端に立ってください。これから接近者がもう一方の端に立ちますので，実験が終了するまでは接近者の顔を表情を変えずに無言で見続けてください。」
　「今，接近者はあなたから3メートル離れて立っています。この時点で接近者が近すぎて，いやな感じがする，不安になる，笑ってしまいそうだ，腹がたつ，逃げたくなる，などといった気詰まりな感じや落ち着かない感じを受けているのであれば，接近者に十分に遠ざかってもらい，そこから実験を開始します。もう少し遠くないと落ち着いて実験を開始できない

と感じているのでしたら，遠慮なくそうおっしゃってください。」

(d) 接近者の実験開始時の位置が決まったら，被験者には「接近者がこれ以上近づくと，何となく落ち着かない」と感じ始める位置まで接近者が近づいたら，「はい」と発声するよう指示する。実際の実験では，以下のとおり説明する。

「これから接近者が2秒につき1歩，1歩につき靴の長さの半分程度ずつ接近してきます。『これ以上近づくと何となく落ち着かない』と感じ始めたところで『はい』と言って合図をしてください。『落ち着かない』というのは，先ほど言ったような，接近者の顔を見ているのが少し辛くなった，笑いそうになってきた，腹がたってきた，悲しくなってきた，などの気持ちの変化すべてを指します。合図をすれば接近者は止まります。いったん止まった後で，近寄りすぎているとか，もう少し近くてもよいと感じましたら，遠慮なくそう言って接近者の位置を直してください。」

(e) 実験者は被験者と試行順序を確認し，接近者が視線を向ける方向（「ECあり」試行なら被験者の顔，「ECなし」試行なら接近者のつま先付近）を再度確認する。

(f) 実験者は被験者，接近者が共に実験の手順を理解したことを確認し，実験開始の合図を送る。実験を開始したら，実験者は被験者が接近者の顔を見続けていること，接近者の視線の向きが適切であること，接近者の移動のスピードが適切であることを確認する。適切でない場合は実験を中断し，再度実験の手続きを説明する。

(g) 接近者が被験者の合図にしたがってその場に立ち止まったら，実験者は被験者に接近者が近すぎたり，遠すぎたりしないか確認する。被験者が接近者との距離について修正が必要であると判断した場合に限り，接近者を前あるいは後ろに移動させる。次のように教示するとよい。

「接近者が，近寄りすぎているとか，もう少し近くてもよいということはないでしょうか？　遠慮なくおっしゃってください。」

(h) 被験者－接近者間の距離が確定したら，両者のつま先からつま先までの距離を巻き尺で測定し，個人用記録用紙にセンチメートル単位で記録する（～メートル～センチと書くとデータの集計の際に手間が増えるので，センチメートル単位で記入，ミリメートル単位を四捨五入する，たとえば2メートル15センチ5ミリであった場合は，216cmとする）。

(i) 実験者は被験者と接近者の瞬き，視線，表情，姿勢，動作などの観察も行い，接近に伴う変化，合図を出す前後の変化などについて気づいた点を個人用記録用紙にメモする。

(j) 第1試行が終了したら，(e)に戻り，視線の条件をかえて同様の手順で第2試行を行う。

(k) 第2試行終了後，実験者は被験者に，接近に伴う心理的な変化について気づいた点などを，下に記すように聞き，個人用記録用紙に記録して，被験者に用紙を返却する。

「お疲れ様でした。視線を合わせたり，合わせなかったりしながらあなたに向かって接近者が2回近づいてきました。この実験で接近者が，近づいてくることでどのような感覚をもちましたか？　また，視線を合わせることと合わせないことで感覚の違いはありましたか？　違いがあったとすれば，それはどんな違いでしたか？」

(l) グループ全員の実験終了後，全員のデータをグループ集計用紙に整理する。

結果の整理

グループ内の個人データの整理

実験終了後，グループ内のデータを，以下の内容についてグループ集計用紙に整理する。
①被験者ID，年齢，性別，第1試行のEC
②向性指数（VQ）

③パーソナルスペースの大きさ（センチメートル単位）
④被験者と接近者の接近に伴う被験者の目線，表情，姿勢，動作などの変化（被験者IDも記入）
⑤被験者の内省による接近者の接近に伴う心理的変化（被験者IDも記入）

グループ（実験参加者）全体での平均値の算出

　もし，今回の実験において，複数のグループによって同時に実験を行っていたならば，全体集計用紙への記入を行う。各グループで記入が終わったグループ集計用紙を，実験への参加者全員にコピーして配布する。そして，全員のデータを用いて，以下のような分析を行いながら，全体集計用紙への記入をする。
　なお向性指数（VQ）は一般的に男性の方が女性に比べて高いといわれている。そこで今回は外向群と内向群の分類は男女それぞれのVQの平均値を基準として行う。
①男女別のVQの平均値を算出する。これを被験者を外向群と内向群に分ける基準値とする。
②VQ平均値以上の場合を外向群，平均値未満の場合を内向群として，被験者を分類する。
③男性全体，男性外向群，男性内向群，女性全体，女性外向群，女性内向群のそれぞれについてECあり／なし条件でのパーソナルスペースの大きさの平均値を算出する。

レポートでの考察に向けて考えておくべきこと

①パーソナルスペースの存在は確認できたか，できなかったか？　それはどのデータからいえることなのか？
［ヒント］
　「結果の整理」で算出したすべての条件のパーソナルスペースの大きさの平均値がすべて0よりも大きいならば，どのような条件でもパーソナルスペースは存在するといえる。そして，すべての測定値および算出したすべての平均値が特定の値を中心に集中するならば，「測定による誤差はみられたが，人間の正面方向のパーソナルスペースの大きさはおおむね～cmであると考えられる」ということになる。そしてすべての測定値が0cmならば，パーソナルスペースの存在は今回は確認できなかったということになる。
②アイコンタクトの有無とパーソナルスペースの大きさに関連は常にあるのか，まったくないのか？　それとも部分的にあるといえるのか？　それはどのデータからいえることなのか？
［ヒント］
　ECの有無によるパーソナルスペースの大きさの違いはどのようなものであったか。アイコンタクトの有無がパーソナルスペースの大きさにまったく影響しないのであれば，全体集計用紙の外向群（男性），内向群（男性），外向群（女性），内向群（女性）のすべてにおいてECの有無によるパーソナルスペースの大きさに差異はみられないであろう。関連が常にあるのであれば，ECの有無によって，どちらかがもう一方よりも常に大きくなるだろう。また，向性や性別によってECの有無がパーソナルスペースの大きさに与える影響が異なる可能性も考えられる。たとえば，男性の内向群のみに特定の傾向がみられる，などということがあるかもしれない。
③性別によってパーソナルスペースの大きさは異なるのか，異ならないのか？　それともアイコンタクトによって性別による差が部分的にみられるのか？　それはどのデータからいえることなのか？
［ヒント］
　外向群と内向群を分ける基準値となるVQは性別によって異なる。そのため，男女でのパ

ーソナルスペースの大きさの違いを検討するにあたっては，外向群同士，内向群同士の比較をすることはできない。男性全体のECあり（なし）条件のパーソナルスペースの測定値（距離）が女性全体のECあり（なし）条件のパーソナルスペースの測定値（距離）よりも十分に大きい場合，ECあり（なし）条件においては，男性は女性に比べてパーソナルスペースが大きいと考察することができる。そのように考えて，性別によってパーソナルスペースの大きさが常に異なるといえるのか，ECの有無のどちらかの条件においてのみ性別による差異がみられるといえるのか，あるいは性別によってパーソナルスペースの大きさは異ならないといえるのかを判断する。

④向性によってパーソナルスペースの大きさは異なるのか，異ならないのか？　それとも性別やアイコンタクトの条件によって，部分的に向性による差がみられるのか？　それはどのデータからいえることなのか？

［ヒント］

　向性によってパーソナルスペースの大きさは異なるのか？　これを明らかにするためには性別とECの有無の組み合わせごとにそれぞれ外向群と内向群のパーソナルスペースの大きさが異なるのかを検討する必要がある。

⑤他者から接近されるときの被験者の行動および試行後に自己申告された内省から推測される心的過程はどのようなものなのか？

［ヒント］

　他者が接近してくる状況で人間はどのような行動をとり，何を感じているのか？　また，向性や性別，ECの有無によって行動や自己申告される内省は違うのか？　極端にパーソナルスペースが大きい被験者や極端にパーソナルスペースが小さい被験者に特徴的な行動や内省がみられるのか？　そこからパーソナルスペースが存在する理由とパーソナルスペースの大小が個人によって異なる理由を考える。

⑥本実験で扱った要因以外に，パーソナルスペースの大きさや形に影響を与える要因として，どのようなものが考えられるか？

［ヒント］

　今回扱った3つの要因（アイコンタクト，性別，向性）以外にどのような要因が人間のパーソナルスペースの大きさに影響すると予想されるか？　そしてそれを確認するためにはどのような実験をすればよいかを具体的に考える。

文　献

Sommer, R. (1959). Studies in personal space. *Sociometry*, **22**, 247-260.
Willis, F. N. Jr. (1966). Initial speaking distance as a function of the speakers' relationship. *Psychometric Science*, **5**, 221-222.

向性検査

次の文を読んで，自分の平常の性質や動作を振り返り，そのとおりであると思ったら「はい」，そうでなければ「いいえ」に○をつけてください。どちらとも決められない場合は，そのままにしておいてください。

1.	ささいなことでも気になる。	はい・いいえ	1
2.	あまり迷わず物事を決める。	はい・いいえ	2
3.	物事は慎重にすすめるほうである。	はい・いいえ	3
4.	一度決心したことをあとで変えることができる。	はい・いいえ	4
5.	考えるより実行するほうだ。	はい・いいえ	5
6.	どちらかと言えば陰気である。	はい・いいえ	6
7.	失敗にこだわる。	はい・いいえ	7
8.	呑気（ノンキ）なほうである。	はい・いいえ	8
9.	どちらかと言うと無口だ。	はい・いいえ	9
10.	感情が顔に出るタイプだ。	はい・いいえ	10
11.	よくはしゃいだりする。	はい・いいえ	11
12.	気分屋である。	はい・いいえ	12
13.	物事にこだわるほうである。	はい・いいえ	13
14.	辛抱強い。	はい・いいえ	14
15.	理屈っぽいほうだ。	はい・いいえ	15
16.	議論が過激になりやすい。	はい・いいえ	16
17.	用心深いたちである。	はい・いいえ	17
18.	動作がきびきびしている。	はい・いいえ	18
19.	仕事が綿密である。	はい・いいえ	19
20.	派手な仕事が好きだ。	はい・いいえ	20
21.	仕事に夢中になる。	はい・いいえ	21
22.	色々な空想をするのが好きだ。	はい・いいえ	22
23.	潔癖症である。	はい・いいえ	23
24.	持物を大事にしない。	はい・いいえ	24
25.	無駄づかいが多い。	はい・いいえ	25
26.	話好きである。	はい・いいえ	26
27.	気むずかしい。	はい・いいえ	27
28.	冗談を言う。	はい・いいえ	28
29.	おだてられやすい。	はい・いいえ	29
30.	強情だ。	はい・いいえ	30
31.	不満が多い。	はい・いいえ	31
32.	自分の評判が気になる。	はい・いいえ	32
33.	他人のうわさをよくする。	はい・いいえ	33
34.	自分のことを他人に任せられる。	はい・いいえ	34
35.	人に指図されるのが嫌いだ。	はい・いいえ	35
36.	人をうまくまとめることができる。	はい・いいえ	36
37.	他人の意見を素直に聞き入れることができる。	はい・いいえ	37
38.	よく気がきく。	はい・いいえ	38
39.	隠し事をよくする。	はい・いいえ	39
40.	他人にすぐ同情する。	はい・いいえ	40
41.	他人を信じすぎる。	はい・いいえ	41
42.	根に持つタイプだ。	はい・いいえ	42
43.	はにかみ屋である。	はい・いいえ	43
44.	一人でいることが好きだ。	はい・いいえ	44
45.	友達を作るのが苦手だ。	はい・いいえ	45
46.	人前で平気で話せる。	はい・いいえ	46
47.	引っ込み思案である。	はい・いいえ	47
48.	意見の違う人でも気軽につき合える。	はい・いいえ	48
49.	世話好きである。	はい・いいえ	49
50.	太っ腹だ。	はい・いいえ	50

第11章の実験用記録用紙（個人用記録用紙）

実験者氏名 ＿＿＿＿＿＿＿＿＿＿

被験者氏名 ＿＿＿＿＿＿＿＿＿＿　　被験者ID ＿＿＿＿＿＿＿＿＿＿
　　　　　年齢　（　　　）歳　　　　　性別　（　男　・　女　）

●向性指数の算出
(1) 向性検査の次の質問項目の回答欄の右にある項目番号に○をつける。

　　2，4，5，8，10，11，12，18，20，21，24，25，26，28，29，34，36，37，38，40，41，
　　46，48，49，50

(2) ○のついた質問項目において「はい」と答えている数を数える。これを「x」とする。
$$x = \underline{\qquad\qquad}.$$

(3) ○のついていない質問項目において「いいえ」と答えている数を数える。これを「y」とする。
$$y = \underline{\qquad\qquad}.$$

(4) すべての無回答の数を数える。これを「z」とする。
$$z = \underline{\qquad\qquad}.$$

(5) 次の公式から向性指数 VQ（version quotient）を算出する。
　　$VQ = (x + y + 0.5 \times z) \div 25 \times 100$
$$VQ = \underline{\qquad\qquad}.$$

※ VQ は高いほど外向的であると解釈し、一般的に100前後が平均的な向性といわれている。

●パーソナルスペースの大きさの測定
　アイコンタクトあり／なしの2条件の試行順序および、2条件における被験者—接近者間の距離をセンチメートル単位で記録する。

接近者氏名 ＿＿＿＿＿＿＿＿＿＿

アイコンタクト	試行順序	反応時の距離（cm）
なし	第　　試行	cm
あり	第　　試行	cm

●被験者と接近者の接近に伴う目線，表情，姿勢，動作などの変化

●被験者の内省による接近者の接近に伴う心理的変化の申告内容

第11章の実験用記録用紙（グループ集計用紙）

_____班

● 向性指数および，パーソナルスペースの大きさ（距離）

被験者ID	年齢	性別	向性指数（VQ）	第1試行のEC	反応時の距離（ECなし）	反応時の距離（ECあり）
		男・女		あり・なし	cm	cm
		男・女		あり・なし	cm	cm
		男・女		あり・なし	cm	cm
		男・女		あり・なし	cm	cm
		男・女		あり・なし	cm	cm
		男・女		あり・なし	cm	cm
		男・女		あり・なし	cm	cm
		男・女		あり・なし	cm	cm
		男・女		あり・なし	cm	cm
		男・女		あり・なし	cm	cm

● 被験者と接近者の接近に伴う被験者の目線，表情，姿勢，動作などの変化
　（例）～～～の時に～～～という反応を示した。（被験者ID）

● 被験者の内省による接近者の接近に伴う心理的変化
　（例）～～～の時に～～～と感じた。（被験者ID）

第11章の実験用記録用紙（全体集計用紙）

本実験の被験者数＿＿＿＿＿名（男性＿＿＿＿＿名・女性＿＿＿＿＿名）

平均年齢＿＿＿＿＿歳

(1) 被験者の向性指数 VQ（version quotient）の平均値（→群分けの基準値）
　　　　　　　　　　男性＿＿＿＿＿＿＿＿＿　　女性＿＿＿＿＿＿＿＿＿

(2) 男女の外向群（VQ が平均値以上）と内向群（平均値未満）の人数
　男性：外向群＿＿＿＿＿名　内向群＿＿＿＿＿名
　女性：外向群＿＿＿＿＿名　内向群＿＿＿＿＿名

(3) 条件ごとのパーソナルスペース（PS）の大きさの平均値

		全体	外向群	内向群
男性	EC あり	cm	cm	cm
	EC なし	cm	cm	cm
女性	EC あり	cm	cm	cm
	EC なし	cm	cm	cm

(4) 他者の接近に伴う行動の変化と心理的変化
　接近者の接近に伴う被験者の目線，表情，姿勢，動作などの変化から考えられること

　被験者の内省による接近に伴う心理的変化の申告内容から考えられること

5 社会心理学実験事例の紹介
（他者への要請技法：不安－安堵法）

　他人に依頼などをする場合に，同じ依頼でもうまくいく場合といかない場合がある。社会心理学の分野では，効果的な要請技法（依頼方法）について，いろいろ検討されてきている。ここでは，実験的に検討された要請技法について紹介してみよう。それは，不安－安堵法（Fear-then-relief procedure：Dolinski & Nawrat, 1998）である。これは，人を不安にさせておき（特に社会的規範を破ってしまったと思わせる），その後それが間違いであったことを認識させて，安堵させることにより，依頼に応じやすくさせるという方法である。この方法の有効性をドリンスキとノーラトは実験的に検証した。

　この実験は，市街地で違反駐車をしている人たちを被験者としている（彼らは，自分が違法駐車をしていることを自覚していた）。この実験では，4種類の実験条件が設定されている。まず，1つ目の不安のみ条件は，運転手が違法駐車をして自動車から離れたあと，車のワイパーに駐車違反切符をはさんでおくものである。2つ目の不安－安堵条件は，不安のみ条件と同じように，運転手が自動車から離れた際に，ワイパーに紙をはさんでおくのだが，その紙は駐車違反切符と同じ用紙に印刷された広告とした。このことによって被験者は，自動車に近づいたときには「駐車違反切符を切られてしまった」と不安になるが，よく見てみると広告であるため安堵するという状態になる。3つ目の不安なし条件は，不安－安堵条件と同様の広告の用紙を使用するのだが，自動車の窓に貼り付けるために，被験者にとって遠目にも「駐車違反切符ではない」ことが明確になるようにしてあった。4つ目の統制条件では，まったく紙をワイパーにはさんだり，窓に貼ったりなどはしない。

　実験では，上記の操作の直後に，実験者が近づいていって，「大学院の修士論文のためのアンケートに協力してもらえないか？」と依頼した。その結果は，図1に示されたように，不安－安堵条件において一番応諾率が高くなったのである。この結果について，ドリンスキとノーラトは，人は不安や恐怖から解放されると深く考えられない状態（mindless）になり，依頼に対して自動的に応じてしまうと説明している。

（伊藤君男）

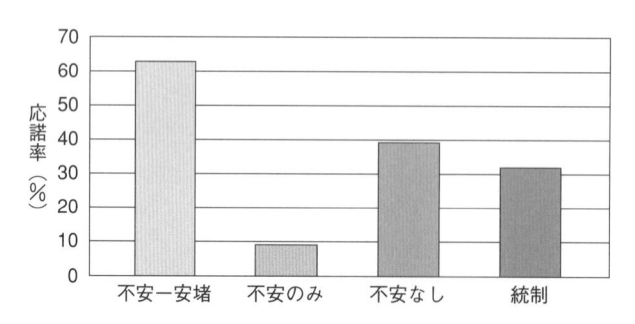

図1　各条件ごとの応諾率（Dolinski & Nawrat, 1998に基づいて構成）

文献

Dolinski, D., & Nawrat, R. (1998). "Fear-then-relief" procedure for producing compliance: Beware when the danger is over. *Journal of Experimental Social Psychology*, **34**, 27-50.

12
実験3レポートの手引き

パーソナルスペースの解説

パーソナルスペースの定義

Sommer（1959）によると，パーソナルスペース（personal space）とは個人が他者との間におく距離である。これは個体間の空間的間隔をあけようとするある種のなわばり行動に役立つものであり，各個人の周囲にある，感情的に意味をもったゾーンでもある。そして，パーソナルスペースには，常に個人の周囲に存在する，個人の移動に伴って移動する，状況によって拡大縮小する，などの特徴が挙げられる。

Horowitz, Duff, & Stratton（1964）は，人間が自分と物体，あるいは自分と他者との間におく再生可能な距離があり，この距離は人間に対してよりも，脅威的でない無生物に対しての方が短い，とした。そしてこれについて，パーソナルスペースには，脅威的なものから物理的に距離をおくことによって自己を防衛するという機能，いわゆる身体緩衝帯（body-buffer zone）としての機能がある，としている。さらに，Horowitz et al.（1964）は統合失調症の患者の身体緩衝帯を調査し，統合失調症の患者はそうでない者に比べ，人間に対するパーソナルスペースが大きいこと，物体（帽子かけ）に対する接近距離は統合失調症の患者とそうでない者で大きな違いがないことを明らかにしている。また，Little（1965）もパーソナルスペースを「個人を直接に取り巻いている領域であり，その個人の対人交渉のほとんどがそこで行われる」としたうえで，相手との心的距離が小さければ，対人交渉場面で相手との間に取られる物理的距離（対人距離）も小さくなると述べている。

他人との間にとる距離という問題に関連して，Hall（1970）は，人間は多種多様な情報を与える一連の伸縮する場によって囲まれており，自己というものの境界は身体の外にまで広がっている，とした。彼はパーソナルスペースという用語を用いることはなかったが，「近接学（proxemics）」を提唱し，2人の人間を隔てる距離の特徴を，話し声の大きさを物差しとして調べ，そこから至近距離，個人距離，社会的距離，公衆距離のそれぞれの近接位相，遠隔位相からなる8つの距離帯を区別した。

人間のもつ距離帯（Hallの8つの距離帯）

①至近距離
 1-a 近接位相—接触
  これは愛情の表現や格闘技などの場合のように，相手に直接触れる，距離が0の状態にあたる。
 1-b 遠隔位相（約50cm以内）
  親しい間柄にある者同士が，うち解けたやりとりをする距離である。ただし混雑する電車やエレベーターの中などでは，親しくない者同士でもこの距離に他人が侵

入してくることもある。その場合には他人を無視したり，視線が合わないように工夫するような防御反応が起こる。

②個人距離
 2－a 近接位相（約 50 cm～約 1 m）
  この位置関係にあることは，かなり親しい関係にあるとみなされる。
 2－b 遠隔位相（約 1 m～約 1.5 m）
  一方の人が手を伸ばせば相手に触れることができる距離から，お互いに手を伸ばしあえば触れることができる距離関係である。親しいといえない者同士が，多少儀礼的な交歓をするときにとられる距離である。

③社会的距離
 3－a 近接位相（約 1.5 m～約 2 m）
  相手の頭，肩，上半身の部分がよく見える視角 60°に入る距離から，相手の体のすべてが視野の中に入ってくるまでの距離である。個人的でない用件はこの距離で済まされる。なじみのない者同士が，たまたま会合する際にもよく見られる距離関係である。
 3－b 遠隔位相（約 2 m～約 4 m）
  相手の姿全体が，ゆとりをもって視角 60°の範囲内に入る距離であるが，この距離で行われる仕事や社交場の対話は，いっそう形式ばった性格を帯びてくる。

④公衆距離
 4－a 近接位相（約 4 m～約 8 m）
  相手から 4 m ほど離れると，何らかの害が及ぼされそうなとき，敏捷な人は逃げるか防ぐかすることができる。この距離では，もっともよく見える視角に顔全体が入っているが，目の表情，肌の細かさなどは認知することができない。
 4－b 遠隔位相（約 8 m～）
  相手との距離が 8 m ほどになると普通の声で話される意味の微妙なニュアンスや，顔の細かい表情や感情の動きは感じ取れなくなるので，声や身振りの誇張が必要となる。

パーソナルスペースの形

パーソナルスペースの形について，さまざまな定義がなされている。Hall（1970）は「不規則な形をした風船のようなもの」とした。Sommer（1959）は「必ずしも球形ではなく，すべての方向に等しく広がっているものではない。人は前方に比べると横に未知の人が近づくことには寛容になれる」と述べている。

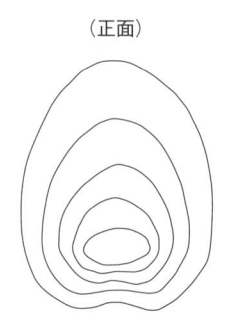

図12.1　身体を中心とした刺激価の布置を示すモデル
（田中, 1973）

田中（1973）は，明るい空間と暗い空間でさまざまな方向から繰り返し近づかれる状況での，被験者の向性によるパーソナルスペースの形と大きさを比較する研究で，青野（1981）は日本で心理学を受講する大学生を対象に行った研究で，それぞれパーソナルスペースは正面が最も広く，横，後方と次第に狭くなることを示した（図12.1参照）。

　また，パーソナルスペースではなく，他者との位置関係についてSommer（1965）は二者の着席パターンについての研究を行い，一般に協同的作業を行う場合には，斜め向かいの席，あるいは隣どうしの席が選ばれる傾向があること，競争して作業を行う場面では直接対面する席が選ばれる傾向があることを示した。

パーソナルスペースの取り方やその大きさに関する研究

　Willis（1966）は挨拶を交わすときの対人距離と当事者間の社会的関係についての研究を行い，友人との距離は小さく，両親および未知の人との距離は大きくなること，一方または両方が女性の場合，対人距離は男性同士と比べて小さくなること，黒人の方が白人よりもわずかながら対人距離を大きくとる傾向があることを明らかにした。

　Watson & Graves（1966）はアラブとアメリカの学生の比較を行い，アラブ人同士の場合は，アメリカ人同士に比べて，お互いに正面を向き合い，より近づいて触れ合うことや，目を見つめ合い，より大きな声で話をすることを見いだした。

　Baxter（1970）は動物園での観察で，メキシコ人，白人，黒人の二人連れの間の距離を検討し，次のような傾向を明らかにした。人種によって異なり，メキシコ人，白人，黒人の順で距離が大きくなる。年齢によって異なり，子ども，青年，成人の順に距離が大きくなる。性別によって異なり，男性と女性の組み合わせ，女性と女性の組み合わせ，男性と男性の組み合わせの順に距離が大きくなる。これに対しScherer（1974）は，小学校1年から4年までの白人と黒人の対人距離の比較をしたが，結果として人種的要因による差異は見いだされなかった。ただし，生活水準による差異が見いだされ，中産階級の家庭の子どもの方が労働者階級の家庭の子どもに比べて対人距離を大きく保つことが明らかにされた。

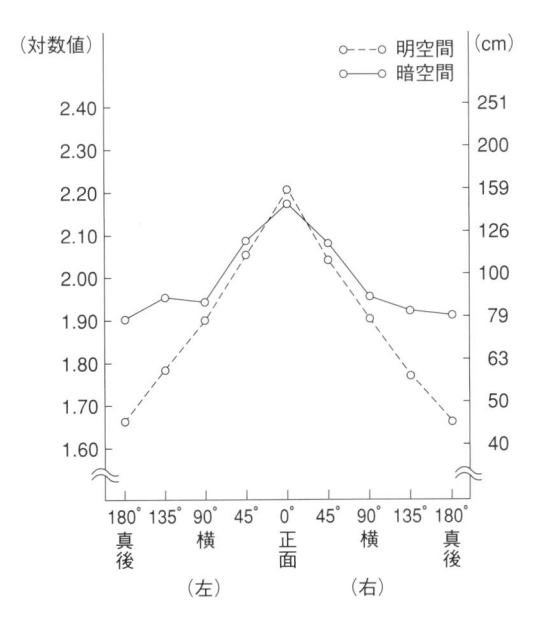

図12.2　被接近距離のパターン
（田中，1973）

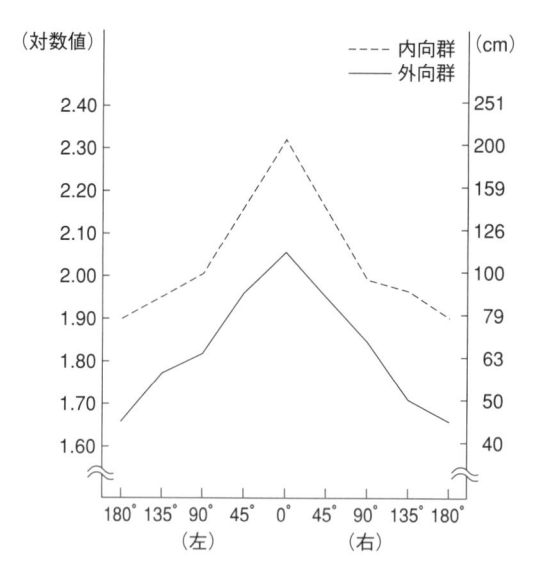

図12.3　両向性群における被接近距離のパターン
（田中, 1973）

　田中（1973）は明るさという物理的な要因に着目し，明るい空間と暗い空間で，被験者の向性と目を開いた状態と目を閉じた状態でのパーソナルスペースの大きさを検討した。その結果，後方からのみ，明るい空間における被接近距離が著しく短くなること（図12.2参照），被験者の向性によって，パーソナルスペースの大きさが異なり，内向的な被験者は外向的な被験者に比べてパーソナルスペースが大きくなること（図12.3参照），正面方向でアイコンタクトがない場合はある場合に比べパーソナルスペースが小さくなることなどが示された。

　青野（1981）は心理学を受講する大学生を対象に，被験者が他者から近づかれるような状況でのパーソナルスペースの大きさについて研究を行った。そして，被験者の性別によって，横や後方からの接近状況でのパーソナルスペースの大きさについては男女で差はみられないが，正面から近づかれる場合は男子学生の方が女子学生よりもパーソナルスペースが大きいことが示されている（図12.4参照）。また，接近者の性別については，左斜め前から接近される状況では性別による違いがみられ，男子学生に近づかれた方が女子学生に近づかれる状況よりもパーソナルスペースが大きかった。

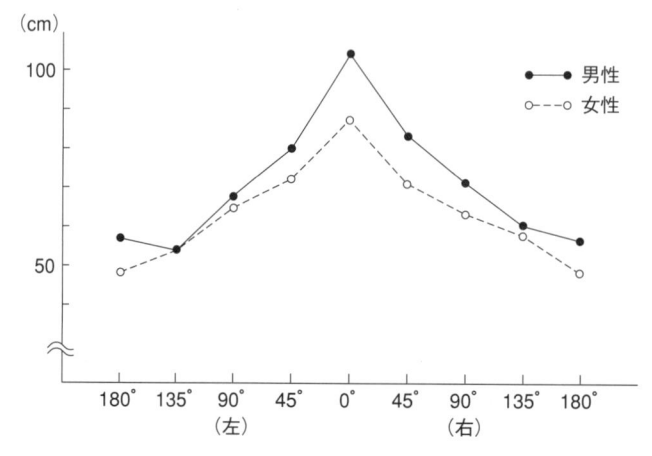

図12.4　被接者の性別×角度によるパーソナルスペースの大きさの平均
（青野, 1981）

視線，アイコンタクトと対人間の距離の関係に関連した研究には次のようなものがある。Argyle & Dean（1965）は空間的近接性とアイコンタクトの関係を検討し，性別にかかわらず空間的に近づくとアイコンタクトが減少することを示した。また，八重澤・吉田（1981）は他者接近に対する生理・認知反応について，被験者である女子学生に対して実験協力者である男子学生が近づいていく際，実験協力者である男子学生とアイコンタクトを維持し続けた被験者は，そうでない被験者に比べ，「目をそらしたい」と感じる距離が大きいことを示した。さらに，「気詰まりだ」と感じる距離も同様の傾向が示された。また，接近してくる実験協力者に対して，「気詰まりだ」，「目をそらしたい」と感じた時点，実験協力者を停止させた時点において瞬きが特に多くみられた。

遠山・小塩・内田・西口（2006）は他者が正面方向から徐々に接近してくる状況で，性別と，アイコンタクト，向性，近づかれる被験者と近づいてくる接近者のどちらの身長が高いか，などの関連を検討した。そして，男性は女性よりもパーソナルスペースが大きいこと，アイコンタクトあり条件はアイコンタクトなし条件に比べてパーソナルスペースが大きいこと，などが示された。ただし，自分よりも背が低い同性の人間が近づいてくる状況について外向的な男女を比較した場合，パーソナルスペースの大きさについて違いがみられないことや，自分よりも背が高い同性の人間が近づいてくる状況で，内向的な男女を比較した場合，差がみられないことなど，性別によって常にパーソナルスペースの大きさが異なるとは断言できないことを示している。また，個人の正面方向のパーソナルスペースの大きさに本人の身長や，本人と接近してくる人間との身長の差ではなく，接近してくる人間の身長にパーソナルスペースの大きさが影響するという知見も部分的ではあるが示されている。

向性検査の解説

向性と向性検査

「向性」とはユング（C. G. Jung）が唱えた概念である。彼の研究領域は多岐にわたるが，パーソナリティ論としては，興味や関心の対象が自分の内界へ向きやすい「内向性」か，外界へ向きやすい「外向性」か，つまりリビドー（広義の性欲）が外界に向かうか内界に向かうかで人間のパーソナリティの基本的態度が分類できる，とする立場をとっている。

そのようななかで，外向的な人の態度は次のようなものであるとされている。社交的で交友関係も広く，人に対して自然に積極的にかかわっていける。社会的なことや身の回りの実際的な事柄に興味をもつ。考えや行動が表面的になる傾向があり，軽率な印象を与えることもある。それに対し，内向的な人の態度は次のようなものであるとされている。すべてにおいて消極的で，自己批判的になりやすい。対人関係でぎこちない態度を示す。人生観など自分に関連したことに関心をもつ。自分にとって親しい環境ではその能力を発揮できる。

向性検査はその向性を向性指数という数値によって表すことを目的として作られた検査である。日本語版の検査としては淡路・岡部式向性検査が著名である。一般的に男性は女性よりも向性指数が高いといわれている。したがって，今回のデータを分析する際に男女混合で向性指数の平均を求め，外向群と内向群に分類した場合には，外向群は男性が多く女性が少ない，内向群は女性が多く男性が少ない，といった偏りを引き起こす原因となる。

向性指数の性別による偏りとそれにより生じる問題

たとえば（実際にはそんなことはないのだが），外向群が全員女性で内向群が全員男性だったとき，男性の方が女性よりも，内向群の方が外向群よりもそれぞれパーソナルスペースが大きかった（図12.5，図12.6参照）としよう。この場合，向性がパーソナルスペースに影響を

与えたといえるか？ あるいは性別がパーソナルスペースに影響を与えたといえるか？

図12.6のみを見ると，向性によってパーソナルスペースの大きさが異なるようにみえる。しかし，それは性別の差（図12.5）がそのまま反映したとも言え，男女それぞれについて同じ性別の中で外向的な（向性指数が高い）人と内向的な（向性指数が低い）人を比べるとパーソナルスペースの大きさが異ならない可能性は十分に考えられるのである。

そのため，今回は向性がパーソナルスペースに影響を与えたのかについて論じるために男女別に外向群と内向群の分類の基準値を用いて分析を行う必要がある。外向群と内向群のパーソナルスペースの大きさの違いについて，レポートでは，「男性では〜群は〜群に比べてパーソナルスペースが大きいことが示された。そして女性では〜」といった形で記述し，その後性別による傾向の違いがあったかなかったかについてふれる，という書き方が考えられる。

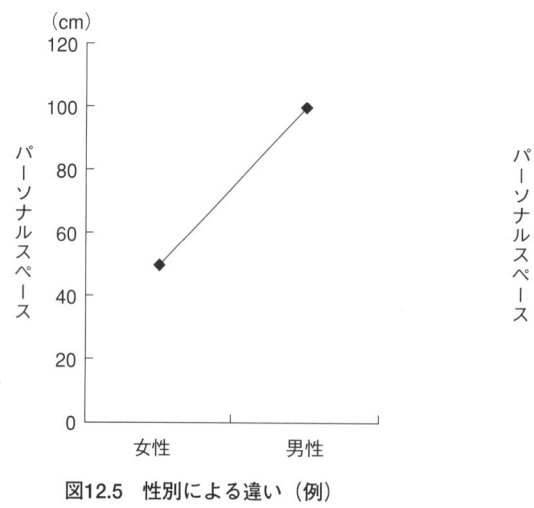

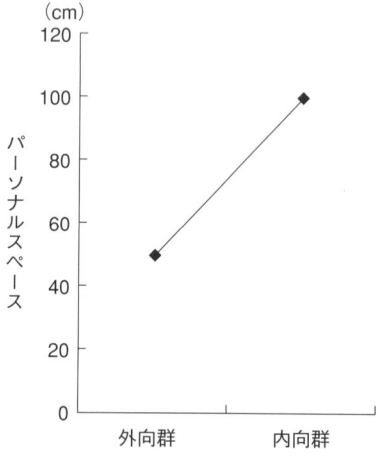

図12.5　性別による違い（例）　　　図12.6　向性による違い（例）

複数の「原因」と「結果」の関係について考える際の注意点

今回パーソナルスペースの大きさに影響を与える要因としてアイコンタクトの有無の他に性別と向性を考えた。これは複数の独立変数が1つの従属変数に与える影響を検討する形になっている。このような場合，独立変数と従属変数の関係について考える際に単純に平均を比較するだけでは，以下のような過ちを犯す可能性があることを覚えておいてほしい。

見せかけの関係にだまされる

先程も述べたが，性別でパーソナルスペースの大きさが異なる，向性でパーソナルスペースの大きさが異なるという結果が示されたとしても，性別で向性指数の平均値が異なる場合は，パーソナルスペースの大きさに影響を与えているのは向性であるのか性別であるのかが曖昧になる。

これは小学生から高校生までの被験者を集めて身長と計算力の関係を論じると，「身長が高いほど計算能力が高い」という結論が導き出されるような場合にもみられる現象である。このような関係を「見せかけの関係」という。実際には，身長が高いから計算力が高いのではなく，小学生と高校生を比べると，高校生の方が計算能力が高く，同時に高校生の方が身長が高いのである。仮に，身長と計算力の関係を検討するのであれば，身長に影響するいくつかの要因を統制し，同じ年齢，もしくは同じ生年月日の男性，女性のそれぞれについて，身長と計算能力

が関連しているかどうかを検討するなどの必要があるだろう。

複数の要因が互いにその効果を打ち消しあう

たとえばアイコンタクトの有無がもたらす効果が男女によってまったく逆であったとしよう。その場合，図12.7のデータのようになることも考えられるのである。このようなデータで男女が同数であった場合，アイコンタクトの有無の条件を無視し，単純に2回ずつパーソナルスペースの大きさを測定したと考えて男女のパーソナルスペースの大きさの平均値を比較すると，男女のパーソナルスペースの大きさは異ならないということになりうる。同様に性別を無視し，男女を含めたすべての被験者のアイコンタクトの有無によるパーソナルスペースの大きさの違いを検討しても，平均値は変わらない，ということになる。しかし図12.7のように複数の要因を複合的に分析すると，男性と女性ではパーソナルスペースの大きさが（ECあり／なしのどちらの条件でも）異なる，男性女性ともにECの有無がパーソナルスペースの大きさに影響を与えている，という結果が示されることもある（p.7「交互作用」参照）。

たとえば（これもあくまでたとえ話であるが）外向的な人間にとっては他人と目を合わせることがそれほどプレッシャーにならなくても，内向的な人間にとって非常に大きな意味がある（心理的な負担を感じる）ことであれば，ECあり／なし条件のパーソナルスペースの大きさの違いは内向群が外向群に比べ極端に大きい（図12.8）という可能性も考えられるのである。

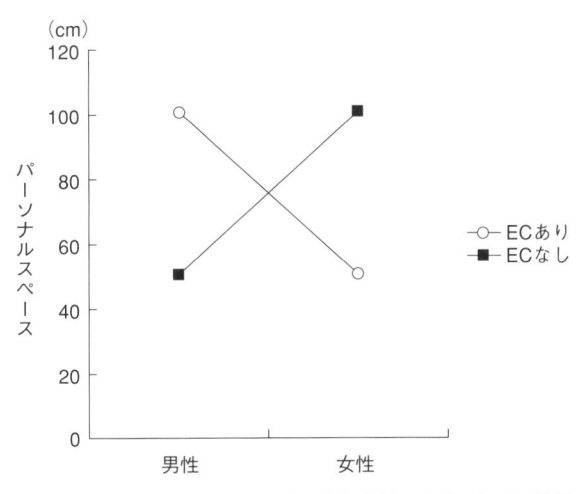

図12.7　複数の要因が互いの効果を打ち消しあうデータ（例）

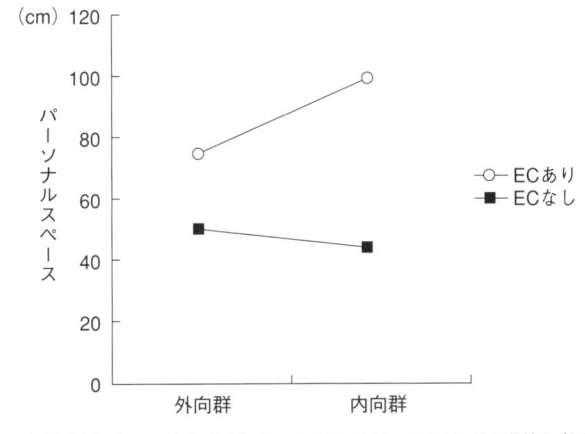

図12.8　向性とアイコンタクトがパーソナルスペースに与える影響（例）

以上のような理由で，今回の実験では複数の要因についてそれぞれの水準を組み合わせていくつものパーソナルスペースの大きさの平均値を分析した。従属変数に影響を与えると思われる複数の要因（独立変数）が存在するときは，その独立変数の間の関連について十分に考えたうえで分析方法を決定する必要がある。

レポートの様式

次の例を参考に，レポートを作成すること。

タイトル

「パーソナルスペースの実験―アイコンタクト，性別，向性がパーソナルスペースにもたらす影響―」

問題および目的[注]

《以下の記述を参考に書く》

　人間は，他人があまりに物理的に接近してくるような場合，一定の距離をおき，個人の占有空間を維持しようとする傾向がある。この個人が優先的，私的に占有しようとする物理的空間，いわば個人が自分の身体を中心にして認識する目に見えない境界線をもつ個体空間を「パーソナルスペース（personal space）」（Sommer, 1959）とよぶ。パーソナルスペースは個々人で少しずつ形や大きさが異なるとされており，年齢や性別や人種といった生物学的な要因，向性（外向性，内向性），その個人のもつ一般的な他者に対する心理的距離，もしくは接近してくる人間との心理的距離といった心理的な要因，そして人間が接近してくる方向，部屋の明るさや広さといった物理的な要因などによっても異なるとされている。

　青野（1981）は，パーソナルスペースが前に広く，横，後ろと次第に狭くなっていることを実験状況において示している。この理由として，実験状況で被験者と被験者に近づく実験協力者（以下，接近者とする）の「視線の交錯（eye-contact）」が影響した可能性を示唆している。そして，八重澤・吉田（1981）の男子学生に正面方向から近づかれる女子学生の反応を検討する実験状況でも，接近してくる男子学生の目を見続ける直視群と，接近者と目を合わせることを強制されない非直視群では，直視群の方がパーソナルスペースを大きく保とうとする傾向が確認されている。そこで本研究では，男子学生と女子学生を対象に，同性の実験協力者が接近してくる状況でのアイコンタクトの有無がパーソナルスペースの大きさに与える影響について検討し，八重澤・吉田（1981）の知見の一般化をはかる。この接近距離とアイコンタクトの関係については，エレベーターやブースの中のように近接性が非常に大きい場合に，対人間のアイコンタクトがしばしばなくなることなどで日常的にも示されており，本研究においても性別にかかわらず，アイコンタクトがある条件においてアイコンタクトのない条件よりもパーソナルスペースが大きくなることが予想される。

　また，Willis（1966），Baxter（1970），青野（1981）は，男性が女性に比べて大きなパーソナルスペースをもっているという知見を示している。また，心的特性がパーソナルスペースに与える影響について，田中（1973）は被験者の向性というパーソナリティ特性によって，パーソナルスペースの大きさが異なることを示した。この研究では内向的な人間は外向的な人間に比べて大きなパーソナルスペースをもっていることが示された。ただし，田中（1973）は被験者および接近者を男性に限定して実験を行ったため，女性においても類似する結果が示さ

注）今回は問題，目的についても不充分，不適切な部分は，適宜追加，修正すること。ただし新たな文献を引用する場合は引用文献に追加すること。

れるかどうかは明らかでない。また，淡路・岡部式向性検査によって測定される向性指数は一般的に男性の方が女性よりも高い，つまり外向的であるということが多い。このように向性と性別は関連があるため，向性によるパーソナルスペースの大きさの違いを外向群と内向群で比較する際には男女別に分析する必要があると思われる。そこで本研究ではパーソナルスペースに影響を与える要因として性別と淡路・岡部式向性検査によって測られる向性を扱う。そして向性がパーソナルスペースの大きさに与える影響を男女別に検討し，田中（1973）の知見が被験者と接近者の性別にかかわらず支持されるかを確認する。性別で被験者を2群に分けた場合は，女性は男性よりも小さなパーソナルスペースをもつことが予想される。また向性得点で被験者を2群に分けた場合，男女ともに外向群は内向群に比べパーソナルスペースが小さくなるという結果が予想される。これらの結果はアイコンタクトのすべての条件で一貫して示されるだろう。

　対人間の距離は表情，身振り，声の調子などとあわせて「非言語コミュニケーション」とよばれている。八重澤・吉田（1981）は，パーソナルスペースの実験状況で，他者が接近してくる状況で被験者の心拍数と瞬きの回数が急激に上昇することを示している。ここから本実験状況においても，接近者と被験者の間の距離を縮めていくにつれて，瞬きなど，距離以外の非言語コミュニケーションが変化することが考えられる。そこで被験者が実験状況においてどのような反応を示すかについても観察し，観察結果および被験者の内省から他者の接近に伴う心理的変化についても検討する。

　なお，パーソナルスペースに影響を与える要因として接近してくる人間との心理的距離が実験結果に影響することが考えられる。独立変数としてのアイコンタクトの有無，性別，および向性が従属変数としてのパーソナルスペースの大きさに与える影響をより厳密に検討するために，今回は被験者と接近者との関係を統制する。「2人だけで個人的に話すほど親しい関係でもなく，極端に嫌っているというわけでもない同性の人」を接近者として被験者に指名させ実験を行う。

方　法

《以下の事項を踏まえて書く》

　実験計画：実験は2×2×2の3要因計画で実施された。第1の要因はアイコンタクトの有無であり，アイコンタクトあり条件とアイコンタクトなし条件が設定された。第2の要因は被験者の性別であり，男性条件，女性条件が設定された。第3の要因は向性であり，淡路・岡部式向性検査の向性指数VQ（version quotient）により，外向群と内向群に分けられた。ただし，一般的に向性指数には男女差が存在するため，男女別に外向群と内向群を分類する基準値（平均値）が決定された。アイコンタクトの有無は被験者内要因，性別および向性は被験者間要因であった。

　被験者：○○県内の○大学○学部に在籍する○○名（男性○○名，女性○○名，平均年齢○○.○歳）の学生を対象に実験を行った。

　実験材料：巻き尺，ビニールテープ，向性検査（淡路・岡部式向性検査），個人記録用紙，グループ集計用紙，全体集計用紙を用いた。

　実施手続き：○○○《各自，実習のプロセスを回想しながら，11章も参考にしてまとめる。》

＊記述例（実施手続きについて）

　　以下のような手続きで被験者の向性指数とパーソナルスペースの大きさを測定した。

　（A）向性指数の測定

　　被験者の淡路・岡部式向性検査への回答をもとに，向性指数が測定された。

(B) パーソナルスペースの大きさの測定

　被験者の正面方向におけるパーソナルスペースの大きさ（距離）がセンチメートル単位で測定された。3メートル×6メートルのスペースの中心，周囲1.5メートルに何もないスペースの床にビニールテープで3メートルの直線が描かれ，直線の片側の端に無表情，無言で直立静止した被験者にもう一方の端から無表情，無言の実験協力者（接近者）が徐々に接近した。3メートル離れた状態で被験者が落ち着かないと感じた場合は，接近者をさらに被験者から遠ざけ実験を開始した。被験者が「これ以上近づかれると何となく落ち着かない」と感じた時点での両者のつま先の間の距離が測定され，パーソナルスペースの大きさとされた。なお，接近者と被験者の関係性が統制され，被験者と個人的な会話をしたことのない同じ講義を受講している同性の者が，その被験者に対する接近者とされた。被験者一人一人に対して，接近者は変更された。

　接近者と被験者の視線が統制され，被験者と接近者がお互いの顔を見ている「アイコンタクト（EC）あり条件」と，被験者は接近者の顔を見ているが，接近者は被験者の顔を見ずに軽くうつむいて自分のつま先付近を見ている「ECなし条件」の2条件が設定された。2試行の実施順序は被験者間でカウンターバランスされた。

　実験者は被験者と接近者の目線，表情，姿勢，動作などの観察も行い，接近に伴う変化について気づいた点を記録した。また，実験終了後，被験者に，接近に伴う心理的な変化について内省を求め記録用紙に記した。

※具体的な実験内容については，11章を参照のうえ，記載すること。どのような設備で実験を行ったのか，誰にどのような内容の教示を与えたのか，実験試行の内容などについてもきちんと記載する。ただし，準備段階で実験者が行った部屋の机を片づける，接近者に実験手続きを説明するなどの行動，具体的な教示内容の一言一句については適宜省略してよい。

結　果

《結果については，以下の事項に基づいて，記述例を参考に整理して書くとよい》

①データの不備などの理由により分析から除外されるデータがある場合は，まずそのことを書く。

　＊記述例

　　〜という理由により〜名の被験者のデータが分析から除外された。以下の分析は○○名（男性○○名，女性○○名，平均年齢○○.○歳）から集められたデータを用いて行われた。

②扱うデータの全体的な傾向について述べる。

　＊記述例

　　集められたデータは〜，〜，〜である。〜は平均が○○.○，最大値が○○，最小値が○○であった（Table○参照）。

③何のために（どんな理由，目的で）どういう手順を踏んでどのような分析が行われたか，そしてどのような結果が示されたかを具体的な数値を示しながら順番に書く。Table，Figureなどを効果的に用いて視覚的にもわかりやすくするよう心がける。

　＊記述例

　　〜するために〜が行われた（を行った）。その結果，〜の〜は〜であり，〜の〜はであることが明らかになった（示された，〜であった，など）（Table○，Figure○参照）。その結果を踏まえ，〜は〜群に，〜は〜群に分類した。各群の人数は〜であった。

　　〜する（〜を検討する）ために〜という手順で〜が算出された（を算出した）。〜条件

別の〜はTable ○に示す。〜は〜であることが示された。
*扱うべき事項
　①向性指数（VQ）の男女差の検討
　②被験者を外向群と内向群に分ける基準値の決定
　③外向群，内向群への分類（各群の人数）
　④ECの有無によるパーソナルスペースの大きさの違いの検討（向性×性別の4条件で一貫しているか？）
　⑤性別によるパーソナルスペースの大きさの違いの検討（男性全体と女性全体のそれぞれでECの有無による一貫したパーソナルスペースの大きさの違いは見られるか？）
　⑥向性によるパーソナルスペースの大きさの違いの検討（性別×ECの有無の4条件で一貫しているか？）
　⑦接近者の接近に伴う被験者の変化の観察結果のまとめ
　⑧被験者の内省による接近者の接近に伴う心理的変化の申告内容のまとめ

考　察

《考察については，以下の点について書くとよい》
①まず，この研究の目的を振り返り，そのためにどのようなことをしたのかを簡単に述べる。
　*記述例
　　本研究は個人が，正面方向にどの程度の大きさのパーソナルスペースをもっているか，そして接近してくる他者とのアイコンタクト，被験者の性別および向性が，パーソナルスペースの大きさにどのような影響を与えるかを検討するために行われた（を行った）。
②示された結果を数値を使わずに簡単に述べ，そこからいえること，そのような結果が示された原因（理由）として考えられるものなどについて述べる。
　*記述例
　　分析の結果（〜した結果，〜を観察した結果，内省を検討した結果），〜が（〜であることが）明らかになった（示された，〜であった，など）。これは，〜が〜であることを示すものである。
　　〜であり，〜の〜という知見は本研究においても支持されたといえる（〜の〜という知見と整合的であった）。
　　〜の〜という知見は本研究においては支持されなかった。これには〜という原因が考えられる（〜は〜であるためであると思われる）。
③今回示された複数の結果やこれまでの知見を組み合わせて，総合的に考えられることについて（複数考えられるのであれば複数）述べる。また今回の研究の問題点などがあればそれについても述べる。
　*記述例
　　今回示された〜という結果と〜という結果は（〜の〜という知見は）〜が〜であることを示している（可能性を示唆するものである）。
④最後に今後の課題や今回の研究に関連する発展的なテーマについて（複数考えられるのであれば複数）述べる。
　*記述例
　　〜という可能性を検討するためには〜といった手順で〜を確認するような研究を行う必要があるであろう（するような研究が今後待たれる）。

*結果と考察も小見出しなどを利用して，読みやすくなるよう各自工夫をすること。

引用文献

レポート作成の中で引用した文献があれば，各自記すこと。

レポートにおける考察の書き方について

このような実験実習のレポートを大学生に課したときに，よく聞かれる意見の1つに「考察に何を書けばいいのかわからない」というものがある。そのような意見について詳しく話を聞くと，「結果に書いてあることをまとめると，他に書くことがない」という意見が多いように思う。考察とは結果から文字どおり，考察して欲しい。たとえば今回の実習については，次のように考えることができる。

パーソナルスペースの解説で述べてきたようにパーソナルスペースの大きさを扱った研究は比較的一貫した結果を示している。今回の実習で得られたデータはこれまでの研究の結果と整合的であっただろうか？　考察では，単に今回の結果をまとめるだけでなく，過去の研究との整合性にもふれるようにしよう。過去の知見と整合的でないとすれば，それはなぜなのかを考えて，考察に書いてみよう。

また，パーソナルスペースの形，性別やアイコンタクトの有無による違いなどについて，なぜ一貫した結果が示されるのか，またはなぜ人間にはパーソナルスペースが必要なのかという問題についてはいまだ明確な答えが示されているわけではない。この実習を受けたみなさんはどのように考えただろうか？　今回の実習で得られた結果（パーソナルスペースの大きさ，被験者の行動の観察結果，被験者の内省の報告）とこれまでの研究で示されている知見からパーソナルスペースについてさまざまなことが考えられる。また，みなさん自身が実験に参加することでさまざまなことを感じたであろう。考察部分に結果のまとめを書くだけでは不十分である。これまでのパーソナルスペースの大きさに関する研究で示された知見，実験の中で感じたこと（または，実験の参加者が感じたと報告したことや参加者の行動）とあわせて今回の研究結果を考え，パーソナルスペースに関する新たなアイディアを出してほしい。新しいアイディアが出れば，そのアイディアが正しいかどうかを確認するためにはどんな研究が必要なのかを考えてみよう。そして，それらのアイディアが伝わるような考察を書いて，レポートのまとめとしてほしい。

私たち教員はレポートの書き方については指導できるが，そこから先の内容（アイディア）についてはそれほど指導できるものではない。アイディアという点に関しては教員，学生などという立場は関係がない。この本も終わりにさしかかり，そろそろレポートの書き方についてのコツをつかんできているだろう。読んでいて「なるほど！」「面白い！」「言われてみると確かにそうかも！」と思えるようなレポートを期待している。

文　献

青野篤子　（1981）．個人空間に及ぼす性と支配性の影響　心理学研究, **52**, 124-127.
Argyle, M., & Dean, J.　（1965）．Eye-contact, distance and affiliation. *Sociometry*, **28**, 289-304.
Baxter, J. C.　（1970）．Interpersonal spacing in natural setting. *Sociometry*, **30**, 444-456.
Hall, E. T.　（1959）．*The silent language*. New York: Doubleday.（ホール, E. T.　國弘正雄・長井善見・斎藤美津子(訳)　（1966）．沈黙のことば　南雲堂）
Hall, E. T.　（1966）．*The hidden dimension*. New York: Doubleday.（ホール, E. T.　日高敏隆・佐藤信行(訳)　（1970）．かくれた次元　みすず書房）
Horowitz, M. J., Duff, D. F., & Stratton, L. O.　（1964）．Body-buffer zone: Exploration of personal space. *Archives of General Psychiatry*, **11**, 651-656.
Little, K. B.　（1965）．Personal space. *Journal of Experimental Social Psychology*, **1**, 237-247.

Scherer, S. E. (1974). Proxemic behavior of primary school children as a function of their socioeconomic class and subculture. *Journal of Personality and Social Psychology*, **29**, 800-805.

Sommer, R. (1959). Studies in personal space. *Sociometry*, **22**, 247-260.

Sommer, R. (1965). Further studies of small group ecology. *Sociometry*, **28**, 337-348.

田中政子 (1973). Personal Space の異方的構造について 教育心理学研究, **21**, 223-232.

遠山孝司・小塩真司・内田敏夫・西口利文 (2006). パーソナルスペースに影響を及ぼす要因の検討―身長, アイコンタクト, 向性に注目して― 中部大学人文学部研究論集, **16**, 115-128.

Watson, O. M., & Graves, T. (1966). Quantitative research in proxemic behavior. *American Anthropologist*, **68**, 971-985.

Willis, F. N., Jr. (1966). Initial speaking distance as a function of the speakers' relationship. *Psychometric Science*, **5**, 221-222.

八重澤敏男・吉田富士男 (1981). 他者接近に対する生理・認知反応―生理指標・心理評定の多次元解析― 心理学研究, **52**, 166-172.

6 発達心理学実験事例の紹介
（乳児の加算・減算法則の理解）

　発達心理学では，近年，乳児にさまざまな能力があることが明らかにされてきている。その中で今回は，5ヶ月の乳児でも簡単な加算・減算の法則を理解していることを示した研究について紹介する（Wynn, 1992）。

　5ヶ月の乳児を対象に，ちょっとしたショーを見せる実験を行った。2－1についての実験の流れを，図1に示す。「最初に2つの人形が登場する。スクリーンが上がり人形が見えなくなる。スクリーンの横から空っぽの手がスクリーンの中に入っていく。1つの人形が取り去られる」。この後，「スクリーンが下がり，1つの人形が舞台にいる」という起こりうる結果（2－1＝1）と，「スクリーンが下がり，2つの人形が舞台にいる」という起こりえない結果（2－1＝2）の2つの結果について，それぞれ乳児の結果を見つめている時間を測定した。

　その結果，実験前に人形を見せたとき人形の数の違いで見つめている時間に差はなかったが，実験において，起こりうる結果（2－1＝1）よりも起こりえない結果（2－1＝2）をより長く見つめた。同様の手続きで，1＋1についても実験が行われ，起こりうる結果（1＋1＝2）よりも起こりえない結果（1＋1＝1）をより長く見つめた。

　なぜ乳児は起こりえない結果を長く見つめたのだろうか。私たちもありえない状況や予想できない事柄にあうと驚いてじっとその状況や事柄を見つめてしまわないだろうか。同じことが乳児にも起こっていると考えられる。つまり，乳児は，2－1＝1といった減算，1＋1＝2といった加算のルールをある程度理解しており，その見込みが裏切られた起こりえない結果に強く反応し，その結果をより長く見つめたと考えられる。乳児が簡単な算数の概念をもっていたからこそ，2－1＝2や1＋1＝1という起こりえない結果に驚いたのである。

　この結果から，ウィンは，5ヶ月の乳児が簡単な算術的操作の正確な結果を計算できるということを説明している。

（森山雅子）

2－1＝1あるいは2の条件の流れ

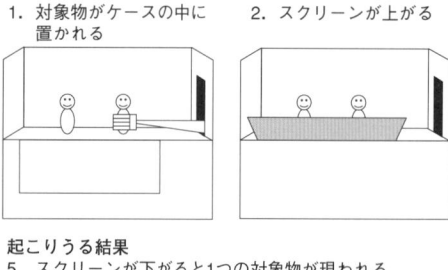

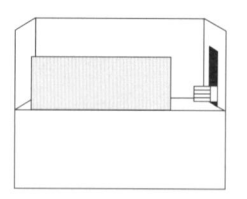

1. 対象物がケースの中に置かれる
2. スクリーンが上がる
3. 空っぽのアームが入る
4. 1つの対象物が取り去られる

起こりうる結果
5. スクリーンが下がると1つの対象物が現われる

起こりえない結果
6. スクリーンが下がると2つの対象物が現われる

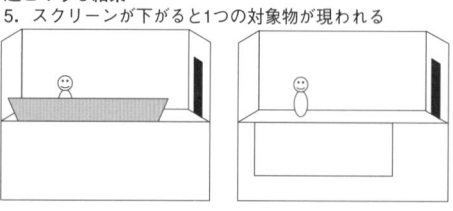

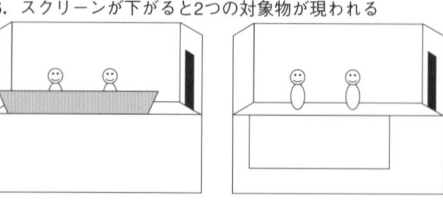

図1　実験で提示された"2－1"状況についての流れ（Wynn, 1992をもとに作成）

文献
Wynn, K. (1992). Addition and subtraction by human infants. *Nature*, **358**, 749-750.

13 データの基礎統計量

心理学のデータについて

　心理学の研究で取り扱うデータには実にさまざまな種類がある。一般的には，数字で示されたものを「データ」とよぶことが多いが，文章で記述されたものも「データ」とよぶことがある（一般に「質的データ」とよばれる）。本書では，心理学の基礎実習として当面必要となってくる数値データ，すなわち「量的データ」について解説する。

データの種類について

　まず，ここでいう数値データとは，「何らかの方法で測定され，その結果として数字として示されたデータ」ということにする。これらのデータは，ローデータ（素データ，もとのデータ）とよばれ，それらをもとにして「分析する」とか「解析する」とか「統計的な処理」がなされる。つまり何らかの数値計算が行われるといったイメージでとらえられている。
　しかし，いくつかの点で注意が必要であるので，まずその点を明確にしておく。
　たとえば，数字で示されたローデータであっても平均値を計算できない場合がある。例として，その数字が単に便宜的につけられた記号である場合は平均値を計算することはできない。回答者の学年を1年生なら「1」，2年生なら「2」という数字をデータとして入力したような場合である。この場合，全データを平均して「回答者全体の学年の平均値を算出する」ことは，意味をなさない。なぜなら，これらの数字は「A」や「B」に置き換えられるもので，単に記号として機能しているにすぎないからである。したがって，この例の場合，数字そのものを四則演算することはできないのである。
　これに関連して，心理学で扱う数字のデータ（数値データ）の性質として，以下の事項を理解しておくとよい。いろいろな計算が可能に思えるが，場合によっては計算に制限があるので，気をつけなければならない。

数値データの種類

　心理学の研究で取り扱うデータには以下の4種類のものがある。データをとるときには，そのデータがどれに該当するのか，頭に入れておくことが必要である。
　1）名義尺度　　数字で示されているが，あくまで記号としての意味しかもたない。つまり「A」「B」「C」と表記されることと同じことである。それらの数字や記号は相互に独立したカテゴリーを代表するものとして記述される。また等しい性質をもつものに，一義的に同一の数字が割り当てられる。回答者の属性カテゴリーとして，性別，所属クラブ，居住地域などを数字で割り当てるような場合，これらは名義尺度である。また観察によって得られたデータを所定のカテゴリーに分類するような場合も，カテゴリーを示す数字は名義尺度である。
　2）順序尺度　　この尺度上の数値は，名義尺度であることに加えて，その数に順番や順序

を示すことが設定されている。この尺度においては相対的な比較が可能であるが，その数字はあくまで順序を示す記号でしかない。たとえば回答者の属性カテゴリーとしての学年の数字は，順序尺度である。また何らかの方向性をもった結果データ（例：提示されたいくつかの食べ物に対して好きな順に1から番号をつけていく）は，順序尺度である。

　3）**間隔尺度**　　順序尺度であることに加えて，数字相互の間隔が一定である尺度である。したがってこの尺度上の数字は加減算ができるので，平均値や標準偏差（後述）などの計算が可能である。小数点以下の処理も可能である。たとえば，回答者の属性カテゴリーとしての年齢や，温度計に示される温度などは，間隔尺度であるため，平均年齢や平均温度を計算して示すことができる。

　4）**比率尺度**　　間隔尺度であることに加えて，ある値が別の値の何倍であるとか，何パーセントであるといった比率の計算ができるものである。数学における通常の数値計算，つまり四則演算ができる。また，何もない状態を「0」として，正負の関係やその意味も含めることができるデータである。回答者の属性カテゴリーとしての身長や体重は，比率尺度である。

平均値と中央値

　大学生であれば「平均値」の求め方は知っているであろうが，解説しておく。

　たとえば，ある学力テストの受験者99人の平均点を求めるには，全員のテスト点数の合計を99で割ればよい。つまり「データの総和をデータ数で割る」ということである。式で表せば次のとおりである。

$$平均\quad \bar{x} = \frac{1}{n}\sum_{i=1}^{n} x_i$$

　ここで，$\bar{x}$は「エックスバー」と読み，平均値を示す記号である。英語のmeanをとってMと示されることもある。

　ちなみに，心理学のレポートや論文では，表中に平均値を記述する場合，ローデータの桁数より2桁下までをとって表記するのが通例である。つまりローデータが1桁であれば，小数点以下2桁までを表記すればよい。ただしデータ数が少ない場合（目安として20件以下の場合），小数点以下2桁まで表記する意味は薄らぐので，この場合は小数点以下1桁まででよい。

　ところで，この学力テストを受けた集団の中で，平均点をとった人は，集団全体の真ん中あたりの順位を示すのであろうか。

　その分布上の真ん中を示す値とは，度数分布の頻度を2等分する値（99名が受験した学力テストの場合，50番目の人の点数）である。これを「中央値」（メジアン）という。テストを受けた集団の分布が，平均点あたりを中心に度数が最も多く，両端に向かって度数が左右対称にきれいに減少していく場合は，平均値と中央値が近似する。しかし，度数分布が高得点側に偏っていたりすると，平均点は高得点の方になるが，中央値はあくまで真ん中の順位の人の得点であるため，低得点の方になる可能性がある。つまり，このような場合は平均値と中央値は必ずしも近似しないのである。

　このようにローデータや標本がどのような性質をもっているのかを知るためには，平均値や中央値はきわめて重要な数値ということである。また，後述するその他の代表値も，分布の状態を知るうえでは重要である。

代　表　値

　何らかのデータを収集した標本の中で，ある特別な意味合いを示す数値がある。そのような

数値のことを「代表値」という。平均値や中央値も代表値であるが，それ以外に，最大値，最小値，最頻値といったものを挙げることができる。

　1) **最大値，中央値，最小値**　　これらの代表値は，それぞれ，字義のとおりその標本の中で最大の値，データ数の中の中央に位置する人が示した値，そして最小の値である。たとえば，99名が受験した100点満点のあるテストの点数の標本があったとき，最高点が95点であれば，これが最大値である。35点が最低点であれば，これが最小値である。中央値は，99名の中で成績が50番目の人の点数ということになる。これを仮に59点とすれば，この59が中央値ということになる。なお，この数値は必ずしも平均値と一致するわけではない。

　2) **最頻値**　　その標本の中で最も度数の多いデータの値で，モードともいう。ファッションの世界で「今年のモードは……」といういい方があるが，流行するファッションスタイルのことであり，頻度が高いということを示している。

データの分布について

前節で，平均値や代表値のことを述べたが，本節では，そこで出てきた「標本」と「分布」について解説しておく。

標本と母集団

心理学で「データをとる」とき，そのデータを提供することができる対象集団のことを「母集団」という。さらにその母集団の中から抽出された一部の対象を「標本」という。

したがって，標本は，調査や実験や観察によって得られた具体的なデータそのものである。たとえば，世論調査などで有権者1万人の中から1000人を対象にアンケートを実施し回答を得たという場合，有権者1万人は「母集団」であり，データを提供した1000人が「標本」である。またたとえば，中学3年生の数学の学力について，50名のあるクラスにテストを実施し分析検証するというとき，「母集団」は全国の中学3年生であり，「標本」はそのテストに解答したクラスの50人である。

ここで注意すべき点は，母集団から標本を抽出する際，何らかの偏った対象が選ばれることがないように，無作為に抽出しなければならないということである。先の例でいうと，有権者1万人の中から，アンケートの対象者1000人を選ぶ際に，男性ばかり，若年層ばかり，同じ地域に住む人ばかりなど，ある特定の属性をもつ人ばかりを対象者とすると，これは偏った標本抽出ということになる。できるだけこのような偏りは避けなければならない。

心理学のデータで用いられる標本は，多くの場合，母集団から無作為抽出されていることを前提としている。被験者は「大学生100名」といった場合，いわゆる日本の平均的な大学生100名が対象者として選ばれているということである。

度数分布

前述の例（中学3年生の数学の学力テスト）を用いて標本の分布について説明しておく。架空の標本として表13.1にあるクラスの各個人の得点を示した。これに基づいて平均値を求めてみると62.22点となる。中央値は64点，最大値は97点，最小値は24点である。まずこれだけで，この標本の概略がだいたいつかめるであろう。

次に，表13.1に基づいて図13.1に度数分布のグラフを示したので見てほしい。このようなグラフは，ヒストグラムとよばれるもので，多くは図のような棒グラフで示される。縦軸は人数を示していて，横軸は得点を示している。ただし，このグラフでは得点分布を10点きざみにして表示してみた。これによると，たとえば60点から69点の間に11人いることがわかる。

表13.1 ある数学の学力テストの得点

出席番号	性別	得点	出席番号	性別	得点	出席番号	性別	得点
1	1	55	18	1	43	35	1	75
2	2	77	19	2	24	36	1	39
3	1	43	20	1	59	37	2	86
4	1	85	21	2	68	38	1	80
5	2	61	22	2	74	39	1	64
6	1	64	23	2	97	40	1	79
7	1	64	24	1	34	41	2	39
8	2	91	25	1	54	42	2	63
9	2	76	26	1	57	43	1	68
10	2	74	27	1	40	44	1	28
11	2	55	28	1	64	45	1	42
12	1	69	29	2	72	46	2	46
13	2	64	30	2	50	47	2	38
14	2	72	31	1	79	48	1	64
15	1	58	32	2	75	49	2	32
16	1	92	33	2	56	50	1	89
17	1	89	34	2	44			

性別　1＝男子　2＝女子

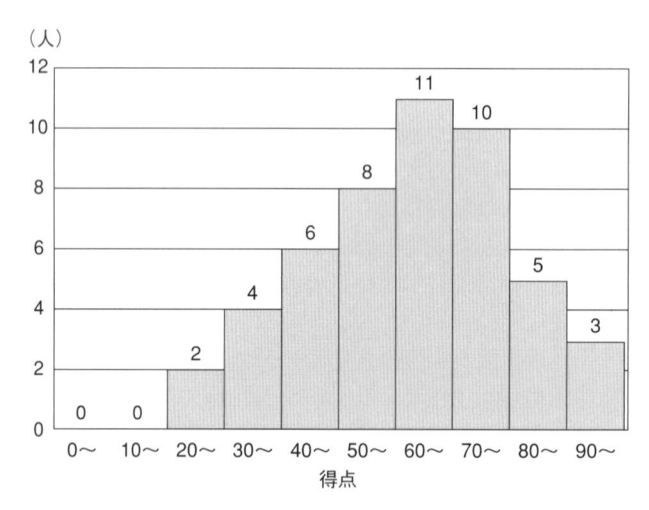

図13.1　ある数学の学力テストの得点分布グラフ

度数分布において，この10点ごとの区切りを「階級」といい，各階級の中央値を階級値という（60点台における階級値は65である）。度数分布をグラフで示すときは階級値を目盛りにして示しておく。ちなみに，この標本の分布は60点台の人数が最も多く，60点台を中心にして，左右に度数が減っていく形をしている。平均値も中央値も60点台にあって近似している。

ところで，この度数分布を理解するうえで大事なことは，データ全体の中で，その階級に入ってくるデータがどのくらいの割合であったのかということである。度数そのものは，このテストの受験者の中でその階級に該当した人数を示しているが，ある標本の中で示された度数が，もとになる母集団の得点分布を代表するものだと考えると，重要なのはデータ全体の中の各値の度数の比率である。例に挙げた学力テストに即していえば，60点台が何人いたかということよりも，60点台をとった生徒は全体のどのくらいの割合だったかということである。この比率のことを相対度数といい，たとえば60点台は全体の22％と示すことができる。さらにい

えば，最も小さい値からの累積度数に対して，累積相対度数を求めることもできる。それによって，何点までに何%程度の生徒がいるということや，得点分布を一定の割合でおおまかに分割して考えることもできるのである。

標準偏差と分散

ところで，心理学の研究レポートにおいて，平均値と並んで通常表記される代表値に「標準偏差」（SD：standard deviation と表記されることもある）というのがある。これは，データの散らばりを示す指標で，値が大きいほど，データが広く散らばっていることを示している。標準偏差を求める式は以下のとおりである。

$$\text{標準偏差} \quad S_{(x)} = \sqrt{\frac{1}{n}\sum_{i=1}^{n}(x_i - \bar{x})^2}$$

この式に示されるように，標準偏差は，個々のデータと平均値の差（平均値からの「偏差」という）の2乗の平均の平方根の値（平方根をとらない値を「分散」という）である。つまり，個々の値が平均値から標準的にどのくらい離れているかを示す指標ということである。詳細な説明はここでは述べないが，この値が示している内容は次のようなものであり，データの分布を理解していくうえできわめて重要である。

たとえば，図13.1で示されたテスト得点の分布において，平均値は62.22点であるが，標準偏差を求めると18.25点になる。これにより，この分布では，平均値を中心にして，1標準偏差だけ高い得点は80.47点であり，反対に1標準偏差だけ低い得点は43.97点であることがわかる。

この分布が，図13.2に示す正規分布に近似していると仮定して考えると（注，正規分布についての詳細な説明は割愛する），平均値を中心として両側1標準偏差の中に，データ全体の約68％の人数が入っていることになるので，標準偏差が求められれば，ある得点の人がその分布上でどこに位置するか，また，だいたい何番目の順位であるかということがわかる。

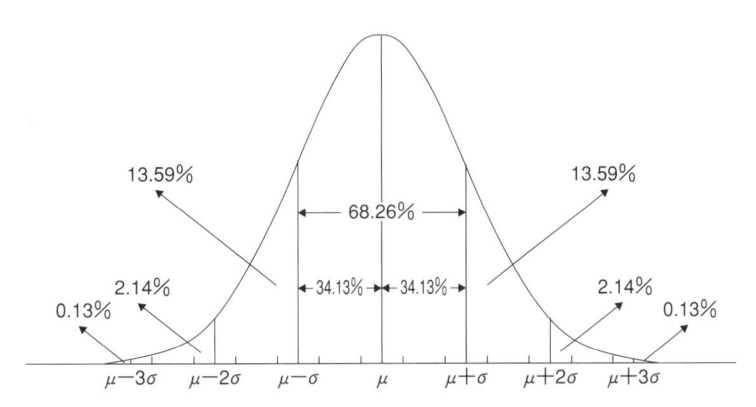

図13.2　正規分布と標準偏差の関係
μ：平均値
σ：標準偏差

（注）理論分布なのでギリシャ文字を使って表します。

ただし，標本が小さい場合（データ数が少ない場合）は度数分布が正規分布に近似するとは限らず，左右対称のきれいな山型の形にならないこともある。また標本によっては，データの分布の両端の度数が高く，中央の辺りの度数が低いということもあり得る。そのような場合で

も平均値と標準偏差は求めることはできるが，これらの場合は，歪度とか尖度という指標を用いて分布の状態が説明される。

14 研究論文にみる実験（認知発達心理学実験）

はじめに

　ここでは，認知発達心理学の分野の代表的な実験を紹介しよう。認知発達研究の中で，幼い子どもが自分や他者の心の状態を理解できるかという問題が，約20年前から注目を集めている。子どもがいつごろからどのようにして，欲求と信念や意図の区別ができるようになるのか，自分と他者の信念を区別し，その違いを理解できるようになるのかなど，幼い子どもの心の理解に焦点が当てられてきた。これまで多数の研究が積み重ねられてきており，これらの研究はまとめて「心の理論（theory of mind）」研究とよばれている。

　「心の理論」とは，自分や他者の行動の背景にある心の動きを推測することを指す。心の状態を直接観察することはできないため，心の状態と行動の関連を理解するための法則が必要となる。これらの法則を集めたものは，バラバラの知識ではなくまとまりのある知識集合であることから，「理論」とよばれる。「心の理論」を獲得することにより，子どもは自分や他者の心の働きや状態を理解したり，そのような心的状態の理解に基づいて行動を予測できるようになると考えられている。

　「心の理論」という言葉を使い始めたのは，霊長類研究者のPremack & Woodruff（1978）である。彼らは，チンパンジーが他の個体にえさを取られないようあざむく行動をすることに注目し，それらの行動を説明するために「心の理論」という語を用いた。チンパンジーのあざむき行動は，他者の行動や外から観察できない心的状態について予測するという推論システムによるものであるため，「理論」とみなすことができると説明されている。Premack & Woodruff（1978）の提案とそれに対する哲学者Dennett（1978）のコメントを受けて，「心の理論」に関する研究は盛んになった。

　現在，「心の理論」研究は，さまざまな領域に拡がりをみせている。まず，Premackらの研究の流れを受けて，チンパンジーをはじめとした霊長類が人間と同じように他の個体の心の状態について理解できるのかを検討する霊長類研究が挙げられる。また，進化の過程でいつから「心の理論」をもつようになるのかという進化心理学的な視点の研究もみられる。また，人間の子どもがいつからどのようにして「心の理論」を獲得するのかという認知発達研究，さらに，自閉症児の問題は「心の理論」を獲得できないことではないかという指摘（Baron-Cohen, 1985; Baron-Cohen, Leslie & Frith, 1985 他）から進められている自閉症研究など，多数の研究領域を挙げることができる。

　このように「心の理論」研究が盛んになる中で，特に幼い子どもの「心の理論」の獲得を調べるための指標となるようなさまざまな課題が提案された。代表的な課題として，Wimmer & Perner（1983）が考案した「誤った信念課題（false belief task）」がある。これは，「マキシ」

という男の子が主人公である「マキシの課題」であり，図14.1のようなストーリーを子どもに聞かせた後，質問のようにマキシの誤った信念を理解できるかどうかを問う課題である。

> マキシはお母さんの買い物袋をあける手伝いをした。マキシは後で戻ってきて食べられるように，どこにチョコレートを置いたかをちゃんと覚えている。その後，マキシは遊び場に出かけた。マキシのいない間に，お母さんはチョコレートが少し必要になった。お母さんは〈緑〉の戸棚からチョコレートを取り出し，ケーキを作るために少し使った。それから，お母さんはそれを〈緑〉の戸棚には戻さず，〈青〉の戸棚にしまった。お母さんは足りない卵を買うために出て行った。マキシは，お腹を空かせて遊び場から戻ってきた。
>
> 質問 マキシはチョコレートがどこにあると思っているでしょうか？

図14.1 マキシの課題 (Wimmer & Perner, 1983)

「マキシの課題」では，「〈緑〉の戸棚」を選ぶと，マキシの誤った信念を正しく推論できたことになり，「誤った信念課題」に正解したことになる。パーナーらは，この「誤った信念課題（マキシの課題）」を用いて，幼児が何歳ごろからどのようにして他者の心を理解するようになるかを明らかにするため，多数の研究を行ってきた。

「マキシの課題」と同様に，子どもは他者の信念を理解できるかどうかを調べるための「誤った信念課題」は他にも発表されている。

現在，「心の理論」研究で最もよく用いられる実験課題は，「サリーとアンの課題」(Frith, 1989) である。「サリーとアンの課題」は，図14.2のような流れのストーリーを子どもに聞かせた後で，「サリーがビー玉を探すのは，どこでしょう？」とたずねるものである。この課題の問いに対する正解は，「サリーはAの箱の中を探す」である。なぜなら，アンがAの箱からビー玉を取り出してBの箱に移し変えたのは，サリーが出て行った後であり，サリーはその事実を知らないため，ビー玉は最初からAの箱の中に入っていると信じているからである。

「マキシの課題」も「サリーとアンの課題」も，健常児であれば，4歳ごろになると正答できるようになることが示されている。このように，誤った信念課題に正解できると，「心の理論」を獲得していると解釈される。しかし，4歳よりも幼い幼児では，「マキシは〈青〉の戸棚を探す」「サリーはBの箱の中を探す」という回答が多くみられる。なぜ，そのような回答が出されるのだろうか？「サリーとアンの課題」にあてはめて説明しよう。サリーとアンのストーリーをすべて聞いていた子どもたちは，今ビー玉がBの箱の中にあることを知っている。しかし，サリーは知らないという推測ができないためである。つまり，自分の知っていることと他者（サリー）の知っていることを区別できずに，自分の知っていることは他者も知っているだろうと考えてしまうためである。

これらの「誤った信念課題」は，「ある人が何を考えているか（Aさんは，○○と思っている）」についての理解を扱っているため，「一次的信念」の理解を検討する課題と考えられている。それに対し，「二次的信念」は，「ある人が考えていることを他の人がどう考えているか（Aさんは，『Bさんが○○と考えている』と思っている」という信念である。これは，「一次的信念」をメタ化した視点の理解が必要となるため，「一次的信念」の理解よりも困難である。したがって，幼児期よりも児童期の子どもを対象とした研究が多くみられる。本章では，この「二次的信念」の理解を調べる課題である「アイスクリーム課題」を紹介しよう。

シーン1 サリー アン

シーン2
サリーはビー玉をAの箱に入れます。

シーン3
サリーは散歩に出かけます。

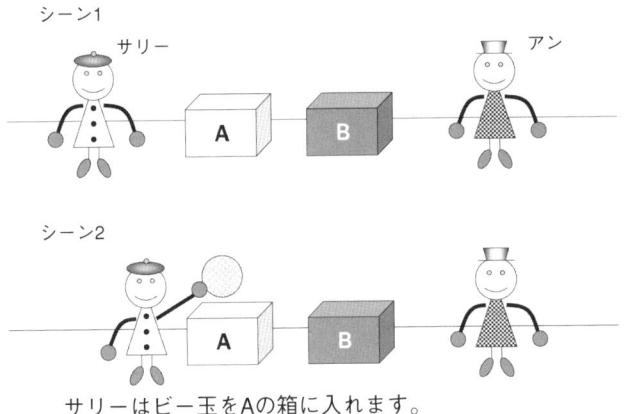

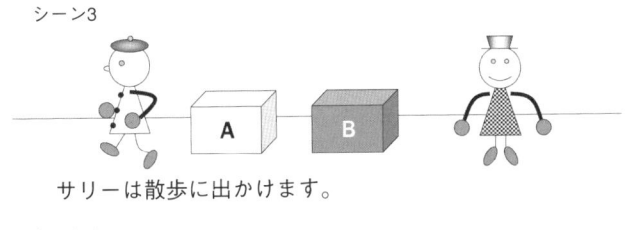

シーン4
その間にアンはビー玉をAの箱からBの箱に移します。

シーン6
サリーは散歩からもどってビー玉で遊ぼうと思います。

サリーはどちらの箱からビー玉を探すでしょうか？

図14.2　「サリーとアンの課題」（Frith, 1989　富田・清水訳, 1991をもとに作成）

実験の概要

　「アイスクリーム課題」は，実験参加者がストーリーに登場する人物の「二次的信念」を理解できるかどうかを検討するための実験課題であり，図14.3のような5つの場面で構成されている。「一次的信念（マキシの課題やサリーとアンの課題での誤った信念）」は4歳ごろ獲得されることでほぼ合意が得られているが，「二次的信念」の獲得は，もっと後の年齢であると考えられる。「アイスクリーム課題」を考案したPerner & Wimmer (1985) は，5歳から10歳の子どもを対象に実験を行った。その結果，7歳では「二次的信念」の理解は難しく，8, 9歳で半数程度，10歳になるとほぼ理解できることが示された。したがって，9, 10歳頃に「二次的信念」は獲得されると考えられる。

第14章　研究論文にみる実験（認知発達心理学実験）

場面1
ジョンとメアリーは，公園に遊びに行った。
公園には，アイスクリーム屋さんのバン（車）がいた。

場面2
メアリーは，アイスクリームを買いたいが，お金をもっていない。アイスクリーム屋さんは，「今日は，ずっとここにいるから，後でお金をもって買いに来るといいよ」とメアリーに言った。

場面3
メアリーは，家に帰った。公園では，アイスクリーム屋さんが，車を動かしてどこかへ行こうとしている。ジョンはびっくりして，「どこへ行くの」と聞いた。アイスクリーム屋さんは，「ここでは買う人がいないので，教会のところへ行くよ」と答えた。

場面4
アイスクリーム屋さんが教会に行く途中，メアリーの家の前を通った。窓からそれを見たメアリーは，「どこに行くの？」とたずねた。アイスクリーム屋さんは，「教会へ行くところだよ。そこならもっとアイスクリームが売れるだろうから」と言った。ジョンは，メアリーがアイスクリーム屋さんと話したことは知らない。

場面5
ジョンは家に帰った。お昼ごはんの後，ジョンは宿題をしていた。しかし，わからないところがあったので，メアリーに教えてもらおうとメアリーの家に行った。メアリーのお母さんがドアのところに出てきたので，「メアリーはいる？」とたずねた。メアリーのお母さんは，「メアリーはアイスクリームを買うと言って出かけたわよ」と言った。

図14.3　「アイスクリーム課題」（Perner & Wimmer, 1985；図は子安・西垣・服部, 1998をもとに作成）

手続き

　誤った信念課題や二次的信念の課題（ここでは，「アイスクリーム課題」）は，通常，個別実験の形式で行われることが多い。参加する子どもがリラックスして実験に集中できるような環境を用意することが必要である。

　実験参加者に年齢，学年，性別など必要な情報をたずねた後，本課題に入る前に，簡単な質問や課題を行うと，参加者が実験にのりやすくなる。また，どんなことをやってもらうのかなどをわかりやすく説明しておくことも，実験に対する構えや緊張をほぐすために有効である。

　手続きは，まず，実験の概要に示したように，5つの場面から構成されるストーリーを参加者の子どもに聞かせる。そのとき，人形を使うか，場面ごとを絵にして紙芝居のような形で実施することも可能である。

　ストーリーの説明が終わった後，以下のようなテスト質問とその理由をたずね，統制質問を行う。

テスト質問：「ジョンは，メアリーを捜しに走っていきます。ジョンはメアリーがどこに行ったと思っているでしょう？」
回答の理由：「なぜ，ジョンはメアリーが○○に行ったと思ったの？」
統制質問　：①「メアリーはアイスクリーム屋さんが教会にいることを知っていますか？」
　　　　　　②「ジョンはアイスクリーム屋さんがメアリーと話したことを知っていますか？」
　　　　　　③「メアリーはアイスクリームを買いにどこに行きましたか？」

分析の解説・留意点

　この課題のテスト問題「ジョンはメアリーがどこに行ったと思っているか？」に対する正解は，「公園」である。なぜなら，ジョンはメアリーがアイスクリーム屋さんと会って教会に移動することを聞いたという事実を知らないからである。つまり，「『メアリーはアイスクリーム屋さんが公園にいると思っている』とジョンが思っている」ということを理解しているかどうかが，この問題に正解するポイントとなる。

　また，回答の理由づけの分析は，上述のポイントを理解しているかどうかをチェックするために行う。たとえば，「ジョンは，メアリーがアイスクリーム屋さんが移動したことを知っていることを知らないから」「ジョンは，メアリーがアイスクリーム屋さんと話したことを知らないから」などのような理由づけであれば，ジョンの「二次的信念」を理解していると判断できるだろう。つまり，質問に正しく答えることができ，その根拠を説明することができれば，「二次的信念」を獲得していると考えられる。

　一方，テスト質問に対して「メアリーは教会に行ったと思っている」のように，誤った回答をする子どもたちは，異なる理由づけをする。たとえば，自分が一連のストーリーを聞いて知っている事実（メアリーはアイスクリーム屋さんから教会に移動することを聞いて知っている）や，アイスクリーム屋さんはジョンに教会に行くと話したというジョンの一次的信念に言及した理由づけがみられるだろう。このように，回答とその理由づけをあわせて，参加者の子どもの理解を分析することにより，「二次的信念」を獲得しているかどうか，また，もし獲得していないのであれば，どのような理解の過程で誤りが生じたのかを検討することができる。このような誤答分析によって，「二次的信念」の獲得の難しさがどこにあるのかを明らかにする研究に発展させたり，「二次的信念」の獲得を促すための介入や教育的配慮を検討する研究につ

なげるなど，さらなる研究のヒントが得られることも多々ある。

また，統制質問は，参加者の子どもたちが「アイスクリーム課題」のストーリーの内容を正しく理解しているかどうかをチェックするための質問である。それぞれ，①「知っている」，②「知らない」，③「教会」が正解である。統制質問の回答を分析することにより，テスト質問に正解できなかった参加者たちが，ストーリーを理解していなかったために間違えたのか，ストーリーを理解していても「二次的信念」を理解できなかったのかを判断することができる。同じように誤った回答であっても，ストーリーを理解していなかったために間違えた場合は，ストーリーを正しく理解できればテスト質問に正解できる可能性が残されているため，「二次的信念」を理解できなかった場合と同じように解釈すべきではない。

実験初学者へのアドバイス

誰でも最初は初学者である。ここでは，特に実験法を学び始めて間もない人，実験に慣れていない人に対して，注意すべきことを挙げておこう。

シナリオ作り

まず，実験の流れについて十分検討し，シナリオを作ることが大切である。課題の教示文だけでなく，実験参加者に対面したときから最後のお礼の挨拶までの全体を通したシナリオを作ってみよう。不自然な言葉遣い，表現がないか，参加者を迷わせるような教示はないかをチェックするためにも，シナリオを作っておくことは有効である。また，シナリオができたら，実験に必要な課題の材料，器具などを検討し，十分準備をすることが求められる。

練習と予備実験

シナリオが完成し，実験に必要な材料や器具をそろえたら，実験が途中で止まってしまうことのないように，十分練習をすることが大切である。複数の実験者によって実験を実施する場合，実験者の違いが結果に影響を及ぼすという実験者効果が出ないように，十分留意しなければならない。そのためにも，なるべく実験者の条件を統一しておくこと，また，実験者によって実験の流れや教示が変わらないように練習することが必要である。実験者が1人で実験を行うときにも，実験ごとに教示が変わらないよう注意しなければならない。教示の中で，異なる言葉を使うと回答や反応が変わることがある。このような教示の効果が出ないようにするためにも，練習は大切である。

また，実際の実験を始める前に，対象とする人と同じような属性をもった人（同年齢，性別，職業など）数名を対象とした予備実験を行っておくことも必要である。予備実験の結果，予測と大きく異なる結果が出ること，実験計画の不備に気づくことも多々ある。また，予備実験の参加者の意見をふまえて，実験の課題や全体的な流れの修正が必要な場合も出てくる。このように，実験計画や課題を洗練するためにも，必ず予備実験を行ってから本実験に臨むこと。

記録の取り方

実験のやり方にもよるが，個別実験や発話を求める実験を行う場合，記録用紙にその場で記録するだけでは，記録を取り損ねてしまう危険性がある。事前に許可を得ることが必要であるが，可能であれば実験場面を録音したり，ビデオに録画したりしておくと，後から結果を整理するときに役に立つことも多い。また，実験中には気づかなかったことに気づくこともあり，それが次の研究のヒントになることもある。

子どもを対象とする実験の場合

　幼児や児童など，子どもを対象とする実験を行う場合には，大人を対象とする実験とは違った配慮が必要となる。

　1）ラポールの形成　　まず，子どもを対象とする実験の場合，ラポールの形成が大事である。特に，年齢の幼い子どもほど，初対面の実験者に対して緊張したり，実験にのらなかったりする場合も出てくる。そのような緊張をほぐし，リラックスして実験に参加してもらうためにも，事前にラポールを作っておこう。幼稚園や保育園で実験を行う場合は，自由遊びの時間や1日の活動が始まる前の自由時間に何回か通い，子どもたちと一緒に遊ぶことも有効な方法である。

　2）実験の所要時間　　子どもを対象とする実験を行う場合，実験にかかる時間があまり長くならないように気をつけることも重要である。年齢が低くなるほど，集中して実験に参加できる時間は短くなる。子どもの参加意欲がなくなってしまうと，実験を続けることは難しい。もし，1回の実験にかかる時間が子どもの集中力を超えそうな場合は，実験を1回ではなく2回に分けて実施することも検討したほうがよいだろう。また，小学校や中学校などの学校で実験を行う場合は，基本的に休み時間の中で終わらせる実験内容にすることを心がけよう。

文　献

Baron-Cohen, S.（1985）. *Mindblindness.: An essay on antism and theory of mind*. Cambridge, MA: MIT Press.（長野　敬・長畑正道・今野義孝(訳)（2002）. 自閉症とマインド・ブラインドネス(新装版)　青土社）

Baron-Cohen, S., Leslie, A. M., & Frith, U.（1985）. Dose the autistic child have a "theory of mind"? *Cognition*, **21**, 37-46.

Dennett, D. C.（1978）. Belief about beliefs. *The Behavioral and Brain Sciences*, **1**, 564-570.

Frith, U.（1989）. *Autism: Explaining the enigma*. Oxford, UK: Blackwell.（フリス, U.　富田真紀・清水康夫(訳)（1991）. 自閉症の謎を解き明かす　東京書籍）

子安増生・西垣順子・服部敬子（1998）. 絵本形式による児童期の〈心の理解〉の調査　京都大学教育学部紀要, **44**, 1-23.

Perner, J., & Wimmer, H.（1985）. "John thinks that Mary thinks that…" Attribution of second-order beliefs by 5- to 10-year-old children. *Journal of Experimental Child Psychology*, **39**, 437-471.

Premack, D., & Woodruff, G.（1978）. Does the chimpanzee have a theory of mind? *The Behavioral and Brain Sciences*, **1**, 515-526.

Wimmer, H., & Perner, J.（1983）. Beliefs about beliefs: Representations and constraining function of wrong beliefs in young children's understanding of deception. *Cognition*, **13**, 103-128.

事項索引

あ
アイコンタクト　81
アイスクリーム課題　115
誤った信念課題　113
閾値　29
維持リハーサル　58
一次的信念　114
1要因計画　79
因果関係　1
引用　43
　　──文献　43

か
カウンターバランス　23
学習の転移　78
下降系列　19, 33
上弁別閾　33
感覚記憶　57
間隔尺度　108
記憶の三段階説　57
機械的リハーサル　58
キャリーオーバー効果　9, 14, 23
鏡映描写　79
　　──課題　65
　　──装置　67
極限法　35
距離帯　93
近接学　93
空間的距離　29
偶然誤差　14, 21
系列位置　47
　　──曲線　57
結果　40
検索(想起)　47
交互作用　7
考察　40
恒常誤差　14, 22
向性　97
　　──検査　97
五感　29
心の理論　113

さ
最小値　109
最大値　109
最頻値　109
サリーとアンの課題　114
刺激　4
　　──強度　29
時制　40
実験参加者　8
実験者　4
　　──効果　118
　　──調整法　21
実験操作　4
自由再生　2
　　──実験　47
従属変数　6
主観的等価点　21
準実験　9
順序効果　23
順序尺度　107
条件　6
上昇系列　19, 33
下弁別閾　33
剰余変数　21
触二点閾　2, 29
初頭効果　57
新近性効果　57
身体緩衝帯　93
図　42
水準　6
正再生率　57
精緻化リハーサル　58
正の転移　78

た
体言止め　41
体制化　58
タイトル　39
代表値　108-109
短期記憶　57
知覚運動学習　65
知覚運動協応　65
チャンク　57
中央値　108
長期記憶　57
貯蔵(保持)　47
Table　42
転移　65
統計的仮説検定　8

独立変数　6
度数分布　109

な
二次的信念　114

は
パーソナルスペース　2, 81
反応　4
被験者　8
　　──間要因　8
　　──計画　80
　　──調整法　21
　　──内要因　8, 14
　　──計画　80
表　42
標準偏差　2, 111
標本　109
比率尺度　108
Figure　42
フェッブル式安定度検査器　11
符号化(記銘)　47
負の転移　78
文献　40
平均値　2, 108
忘却　58
方法　40
母集団　109

ま
マキシの課題　114
ミューラー・リヤー錯視　2, 17
無意味つづり　47
名義尺度　107
目的　40
問題　39

や
要因　6

ら
リハーサル　58
両側性転移　2, 65
論文形式のレポート　39

人名索引

A
青野篤子　95, 96, 100
Argyle, M.　97
Atkinson, R. C.　57

B
Baddely, A. D.　64
Baron-Cohen, S.　113
Baxter, J. C.　95, 100

C
Crafts, L. W.　78, 79
Cunitz, A. R.　59

D
Dean, J.　97
Dennett, D. C.　113
Dolinski, D.　92
Duff, D. F.　93

F
Frith, U.　113-115

G
Ginsburg, A. P.　24
Glanzer, M.　59
Godden, D. R.　64
Graves, T.　95

H
Hall, E. T.　93, 94
服部敬子　116
Horowitz, M. J.　93

I
伊吹昌夫　61

J
Jung, C. G.　97

K
鹿取廣人　79
城戸幡太郎　35
Klatzky, R. L.　59
子安増生　116

L
Lesile, A, M.　113
Little, K. B.　93

M
MacDonald, J.　28
Mcgurk, H.　28
森川弥寿雄　61
Müller-Lyer, F. C.　17, 18, 21, 24

N
仲　真紀子　55, 56
Naoi, H.　56
Nawrat, R.　92
西垣順子　116
西口利文　97

O
Osgood, C. E.　79
小塩真司　97

P
Permer, J.　113-116

Premack, D.　113

S
Scherer, S. E.　95
生和秀敏　35
Shiffrin, R. M.　57
Sommer, R.　81, 93-95, 100
Stratton, L. O.　93
杉本敏夫　79

T
高木貞二　35
田中政子　94-96, 100, 101
利島　保　35
遠山孝司　97
Treisman, A.　38

U
内田敏夫　97
梅本堯夫　61

W
Watson, O. M.　95
Willis, F. N. Jr.　83, 95, 100
Wimmer, H.　113-116
Woodruff, G.　113
Wundt, W.　24
Wynn, K.　106

Y
八重澤敏男　97, 100, 101
山口　創　29
吉田富士男　97, 100, 101

[著者一覧]（五十音順，＊は編者）

安藤史高（あんどう・ふみたか）
現職：岐阜聖徳学園大学教育学部教授
担当：第9章

伊藤君男（いとう・きみお）
現職：東海学園大学人文学部教授
担当：コラム5

梅林　薫（うめばやし・かおる）
現職：元岐阜女子大学家政学部講師
担当：第4章，コラム2

小塩真司（おしお・あつし）
現職：早稲田大学文化構想学部教授
担当：第6章

加藤公子（かとう・きみこ）
現職：愛知淑徳大学心理学部教授
担当：第5章，コラム1

遠山孝司（とおやま・たかし）
現職：鎌倉女子大学児童学部准教授
担当：第11章，第12章

西口利文（にしぐち・としふみ）＊
現職：大阪産業大学全学教育機構教職教育センター教授
担当：第1章，第2章，第3章，第7章，第8章

布施光代（ふせ・みつよ）
現職：明星大学教育学部教授
担当：第14章

松井孝雄（まつい・たかお）
現職：中部大学人文学部教授
担当：コラム4

松浦　均（まつうら・ひとし）＊
現職：三重大学名誉教授
担当：第13章

森山雅子（もりやま・まさこ）
現職：桜花学園大学保育学部准教授
担当：コラム6

横地早和子（よこち・さわこ）
現職：東京未来大学こども心理学部准教授
担当：第10章，コラム3

心理学基礎演習 Vol.1
心理学実験法・レポートの書き方

2008年4月20日　初版第1刷発行	定価はカヴァーに
2024年1月20日　初版第11刷発行	表示してあります。

編　者　　西口利文
　　　　　松浦　均
発行者　　中西　良
発行所　　株式会社ナカニシヤ出版
〒606-8161 京都市左京区一乗寺木ノ本町15番地
　　　　　　Telephone 075-723-0111
　　　　　　Facsimile 075-723-0095
　　　Website http://www.nakanishiya.co.jp/
　　　E-mail　iihon-ippai@nakanishiya.co.jp
　　　　　　郵便振替 01030-0-13128

装丁＝白沢　正／印刷・製本＝ファインワークス
Printed in Japan
Copyright © 2008 by T. Nishiguchi & H. Matsuura
ISBN978-4-7795-0237-8

◎本書のコピー，スキャン，デジタル化等の無断複製は著作権法上での例外を除き禁じられています．本書を代行業者等の第三者に依頼してスキャンやデジタル化することは，たとえ個人や家庭内での利用であっても著作権法上認められておりません．